Desenvolvimento de hotéis

Estudos de viabilidade

OBRA ATUALIZADA CONFORME
O **NOVO ACORDO ORTOGRÁFICO**
DA LÍNGUA PORTUGUESA.

Dados Internacionais de Catalogação na Publicação (CIP)
(Câmara Brasileira do Livro, SP, Brasil)

Bonfato, Antonio Carlos
    Desenvolvimento de hotéis : estudos de viabilidade / Antonio
Carlos Bonfato. – 2ª ed. – São Paulo : Editora Senac São Paulo,
2013.

    Bibliografia.
    ISBN 978-85-396-0376-3

    1. Hotelaria – Estudo e ensino 2. Indústria da hospitalidade
I. Título.

05-8344   CDD-647.94

Índice para catálogo sistemático:
    1. Projeto hoteleiro : Viabilidade : Hotelaria   647.94

ANTONIO CARLOS BONFATO

Desenvolvimento de hotéis

Estudos de viabilidade

2ª edição revista e atualizada

Editora Senac São Paulo – São Paulo – 2013

ADMINISTRAÇÃO REGIONAL DO SENAC NO ESTADO DE SÃO PAULO
Presidente do Conselho Regional: Abram Szajman
Diretor do Departamento Regional: Luiz Francisco de A. Salgado
Superintendente Universitário e de Desenvolvimento: Luiz Carlos Dourado

EDITORA SENAC SÃO PAULO
Conselho Editorial: Luiz Francisco de A. Salgado
　　　　　　　　Luiz Carlos Dourado
　　　　　　　　Darcio Sayad Maia
　　　　　　　　Lucila Mara Sbrana Sciotti
　　　　　　　　Jeane Passos Santana

Gerente/Publisher: Jeane Passos Santana (jpassos@sp.senac.br)
Coordenação Editorial: Márcia Cavalheiro Rodrigues de Almeida (mcavalhe@sp.senac.br)
　　　　　　　　　　Thaís Carvalho Lisboa (thais.clisboa@sp.senac.br)
Comercial: Jeane Passos Santana (jpassos@sp.senac.br)
Administrativo: Luís Américo Tousi Botelho (luis.tbotelho@sp.senac.br)

Edição de Texto: Silvana Vieira
Preparação de Texto: Eloiza Helena Rodrigues
Revisão de Texto: Adalberto Luís de Oliveira, Globaltec Editora Ltda.,
　　　　　　　　Jussara Rodrigues Gomes, Luciana Lima (coord.), Rosa Visconti Kono
Projeto Gráfico, Capa e Editoração Eletrônica: Fabiana Fernandes
Fotos da Capa: Lotus Head, Steve Graham, Wojtek Krosnowski
Impressão e Acabamento: Rettec Artes Gráficas Ltda.

Proibida a reprodução sem autorização expressa.
Todos os direitos desta edição reservados à
Editora Senac São Paulo
Rua Rui Barbosa, 377 – 1º andar – Bela Vista – CEP 01326-010
Caixa Postal 3595 – CEP 01060-970 – São Paulo – SP
Tel. (11) 2187-4450 – Fax (11) 2187-4486
E-mail: editora@sp.senac.br
Home page: http://www.editorasenacsp.com.br

© Antonio Carlos Bonfato, 2006

Sumário

7
Nota do editor

11
Agradecimentos

13
Introdução

17
A atividade hoteleira no Brasil e suas tendências

37
Desenvolvendo o negócio hoteleiro

53
A importância da análise de mercado

73
Análise pontual: localização do empreendimento

93
Análise do universo concorrencial

115
Cálculos de viabilidade financeira

131
A importância da gestão de pessoas

149
Bibliografia complementar

151
Índice geral

Nota do editor

A hotelaria é um dos setores que mais avançam no país, aumentando a oferta de emprego e contribuindo assim para a expansão da economia. As projeções para os próximos anos indicam que o setor será responsável pela geração de dezenas de milhares de empregos diretos (e um número quatro vezes maior de empregos indiretos), o que dá uma ideia da velocidade dessa expansão.

Novos projetos hoteleiros no Brasil surgem a cada ano. São empreendimentos voltados para diversos segmentos do mercado, que dividem a demanda do turismo de lazer e do turismo de negócios.

Num mercado com tantas ofertas, a sobrevivência do negócio hoteleiro depende da gestão criteriosa do empreendimento desde o momento de sua concepção. Se bem conduzidos, os estudos de viabilidade constituem ferramentas extremamente eficientes para garantir que a empresa possa cumprir todas as exigências da atividade capitalista e, ao mesmo tempo, pautar-se pelos princípios de cidadania, que hoje condicionam toda iniciativa socialmente responsável.

Desenvolvimento de hotéis: estudos de viabilidade traça o roteiro de conceitos e dos passos necessários para a implantação de empreendimentos bem-sucedidos no contexto das premissas

8 Desenvolvimento de hotéis: estudos de viabilidade

da gestão hoteleira. Ferramenta útil aos futuros gestores e empreendedores, é mais uma contribuição do Senac São Paulo para a formação e o aprimoramento de profissionais de hotelaria e turismo, áreas de destaque da instituição.

À minha esposa Margarete
e à minha filha Giulia.
Amo vocês!

Agradecimentos

Minhas desculpas antecipadas, se por acaso deixei de mencionar algum nome, risco do qual nunca estamos totalmente livres.

Inicialmente agradeço à equipe da Associação Brasileira de Resorts – Resorts Brasil, na pessoa de Ricardo Domingues; a Ricardo Marder Rodrigues, da Jones Lang LaSalle; David Lord Tuch; Antonio Pereira de Moraes; Anselmo Milani, aos colegas professores do Centro Universitário Senac Sandra Casarini Silva (*in memoriam*), Márcia Harumi Miyasaki e Camila Fernanda Barboza e Moraes.

Ao pessoal das coordenações de Graduação, Pós--graduação, Extensão, Informática, Secretaria, Divulgação, Biblioteca, Administração e Diretoria do Centro Universitário Senac - *Campus* Águas de São Pedro.

Obrigado também ao pessoal do Laboratório de Aprendizagem em Transportes e Logística da Universidade Estadual de Campinas (Lalt-Unicamp), em especial ao professor doutor Orlando Fontes Lima Jr. e à professora Tânia Almeida, e a todos aqueles que, de uma maneira ou de outra, tiveram sua parcela de contribuição na construção deste trabalho.

Muito obrigado!

Introdução

A atividade hoteleira no Brasil passa por transformações que convergem para consolidá-la como ramo econômico importante, habitado por organizações – quer ligadas a redes, quer independentes – cada vez mais competentes e eficazes. Na formação desse panorama, os empreendimentos hoteleiros recorrem, de modo crescente, ao uso das melhores ferramentas técnicas de análise de mercado que otimizem sua vantagem competitiva. A compreensão sistêmica do setor e de sua dependência em relação à realidade econômica, física e social da comunidade permitirá sua elevação geral em uma sociedade economicamente madura e a criação de bases sólidas para a melhoria de suas organizações.

Qualquer atividade econômica fundamenta-se na necessidade de gerar lucro, o que não é diferente no caso da hotelaria. Assim, qualquer hotel, para operar, requer um planejamento estratégico. Todas as fases do empreendimento hoteleiro, desde a criação, desenvolvimento, implantação, pré-operação, até a gestão, devem levar em conta o contexto socioeconômico e ambiental. Trata-se de uma simples questão de sobrevivência mercadológica.

Assim, desde o momento inicial, todos os fatores que podem interferir na correta condução estratégica do empreendimento devem ser alvo de cuidadosos estudos. Esses estudos é que irão orientar o planejamento das ações de médio e longo prazos para a otimização da rentabilidade dos investimentos, como convém a uma empresa capitalista, porém preservando, ao mesmo tempo, os preceitos de cidadania que devem nortear toda empresa socialmente responsável.

Às instituições que formam os profissionais da área cabe a tarefa de desenvolver nos futuros gestores e empreendedores hoteleiros a competência requerida pelo mercado empresarial, dando-lhes condições de aplicar os conhecimentos adquiridos em sala de aula à realidade da atividade hoteleira nacional.

Contribuir para essa tarefa é o objetivo deste livro, que procura focalizar os cuidados a serem tomados nos estudos de viabilidade para a instalação de uma unidade hoteleira.

Nesse sentido, o primeiro capítulo trata da materialização da atividade hoteleira no país. Analisam-se as forças que regem a atividade e examinam-se alguns cenários relativos ao comportamento da oferta e da demanda por pernoites, bem como algumas tendências na implantação de novas unidades hoteleiras.

No segundo capítulo acompanha-se, em linhas gerais, o processo de desenvolvimento de uma unidade hoteleira, desde o momento da criação e do estudo de viabilidade do negócio até os contratos de gerenciamento.

Essa abordagem é aprofundada no terceiro e no quarto capítulos, que avançam da análise mercadológica de cunho mais global para a análise pontual da localização do terreno. Uma rápida introdução ao uso da ferramenta SIG (sistema de informação geográfica) é oferecida, a título de ilustração dos novos instrumentos utilizados no planejamento hoteleiro.

O quinto capítulo oferece um panorama da análise da concorrência e de algumas características da demanda hoteleira. O capítulo seguinte trata, especificamente, de cálculos financeiros que devem ser efetuados antes da edificação da unidade hoteleira, a fim de se estimar o futuro desempenho do negócio. O capítulo final é reservado à questão dos recursos humanos e sua crescente valorização como vantagem competitiva no universo da atividade hoteleira.

Este livro não pretende esgotar o amplo espectro das ações envolvidas no desenvolvimento e na implantação de um empreendimento hoteleiro. Seguindo as indicações bibliográficas, no entanto, o leitor interessado – aluno ou empreendedor – encontrará o material necessário para completar seu arcabouço teórico.

A atividade hoteleira no Brasil e suas tendências

UM BREVE RETROSPECTO

O cenário da atividade hoteleira nacional passou por diversas transformações desde o início da década de 1970, ocasião em que a rede Hilton, de abrangência internacional, instalou sua primeira unidade brasileira na cidade de São Paulo, centro econômico do país.

Inicialmente caracterizada por uma condução administrativa de feitio familiar, a hotelaria passou a ocupar espaço crescente dentro do sistema de mercado das cidades. O reconhecimento de sua importância como atividade econômica superavitária, geradora de riqueza e, portanto, capaz de suprir as necessidades de um investidor a médio e longo prazos, atraiu novos personagens interessados no desenvolvimento de hotéis.

Na década de 1980, a compreensão da hotelaria como atividade dinâmica já era clara no universo empresarial. No entanto, os agentes governamentais, que teoricamente seriam responsáveis pela alavancagem financeira do setor (especificamente os bancos de desenvolvimento e fomento), tardaram a

Desenvolvimento de hotéis: estudos de viabilidade

perceber isso. E os elevados juros cobrados pelas instituições financeiras particulares tornaram impeditiva a alocação de recursos para a construção de novos hotéis.

Com o crescimento do turismo de negócios, era necessário construir novas unidades hoteleiras para acomodação e pernoite dos executivos, que logo passaram a constituir a maioria dos clientes. É nessa conjuntura que surgem os *flats* como opção de negócio imobiliário. No final da década de 1980, é grande o número de *flats*, ao passo que investimentos em hotéis confortáveis são quase nulos.

Com a implantação do Plano Real, em meados da década de 1990, forja-se uma economia menos instável e mais propícia a investimentos de médio e longo prazos. A aplicação especulativa já não era tão rentável, e o aquecimento do turismo de negócios sugeria o surgimento de uma nova onda de demanda por pernoites. A estabilização econômica originou novos eixos geográficos de desenvolvimento empresarial – e, consequentemente, mais clientes para os hotéis de negócios –, mas não só isso. Com o aumento do poder aquisitivo, uma camada da sociedade pôde usufruir de pacotes turísticos que incluíam vários pernoites em diversas localidades, o que fortaleceu a atividade dos hotéis de lazer em novas regiões com potencial turístico. O projeto da Costa do Sauípe e outros complexos são exemplos dessa dinâmica de instalação de hotéis sofisticados para descanso e promoção de eventos. Pode-se afirmar, no entanto, que, com poucas exceções, a falta de incentivos por parte das instituições públicas financeiras permaneceu também ao longo dos anos 1990.

A atividade hoteleira no Brasil e suas tendências **19**

Mesmo assim, entre o final dessa década e os primeiros anos do atual milênio, o mercado assistiu à elevação dos investimentos e ao aumento da participação das redes nacionais e internacionais na operação de hotéis no Brasil. A despeito disso, os hoteleiros independentes, em especial nos grandes centros, ainda são majoritários na atividade hoteleira do país. Pode-se verificar tal fato pela tabela 1 a seguir, que fornece o número de hotéis em 1992 e em 2012.

TABELA 1 Total de hotéis e *flats* no Brasil (em unidades)

Tipo	1992		2011	
	Hotéis	Quartos	Hotéis	Quartos
Independentes	2.393	120.000	8.839	329.978
Hotéis de cadeias nacionais	65	12.000	361	52.640
Hotéis de cadeias internacionais	42	8.000	392	70.229
Total	2.500	140.000	9.592	452.847

Fonte: Hotel Investments Advisors, *Hotelaria em números 2012*, São Paulo, Jones Lang La Salle, 2012, p. 7.

Observa-se que, enquanto o número total de hotéis mais do que triplicou no período, a participação das cadeias nacionais aumentou de 2,6% do total para 3,65%; as cadeias internacionais aumentaram sua participação de 1,68% para 3,96%. Juntas, as redes nacionais e internacionais aumentaram sua participação de 4,28% para 4,86%, aumentando sua presença no mercado.

A contribuição dessas novas redes ao desenvolvimento da atividade hoteleira nacional poderia ser sintetizada em quatro aspectos:

1. Evolução para uma atividade hoteleira segmentada, com áreas físicas, equipamentos, serviços e atendimento voltados e adaptados às necessidades de determinados nichos de mercado.

2. Foco na rentabilidade do negócio, ou seja, a operação da unidade hoteleira volta-se para a geração de riqueza dos investidores, contribuindo para o aperfeiçoamento dos processos de gestão e operação e reforçando, portanto, o conceito de hotel como negócio rentável a médio e longo prazos.

3. Parcerias estratégicas entre diferentes empreendedores, sejam eles operadores hoteleiros tradicionais, organizações investidoras com experiência em outras áreas, construtoras, fundos de pensão ou até microinvestidores, a fim de se obter capital para a instalação e operação da unidade hoteleira.

4. Criação de novos produtos hoteleiros ou renovação de antigos produtos, como a hotelaria econômica e supereconômica, que, apesar da longa existência, agora é vista como elemento estratégico pelas redes, que passam a investir nesse nicho. A inserção dessa tipologia de hotéis em terrenos de alta visibilidade e fácil acesso (próximos a estações de metrô, por exemplo) é clara mostra da profissionalização desse segmento.

O CENÁRIO ATUAL

Como vimos, com a crescente profissionalização da área, tornou-se inevitável a entrada de novos personagens no cenário. Antes restrito a redes, a hoteleiros independentes e a um ou outro investidor em *flats*, o mercado é enriquecido com novos participantes, tais como:

FUNDOS DE PENSÃO. No final dos anos 1990, os fundos de pensão encontram, no mercado hoteleiro, um promissor campo de rentabilidade para seus negócios. Hoje são o principal fornecedor de capital para empreendimentos de grande porte, uma vez que o custo de sua implantação se tornou proibitivo aos tradicionais investidores. Os investimentos no setor cobriram projetos voltados tanto para a hotelaria de lazer como para hotéis de negócios em grandes centros urbanos. Apesar de desconhecerem as especificidades da operação de hotéis, esses novos investidores estabeleceram uma linha de conexão com as operadoras hoteleiras, o que lhes permitiu introduzir no mercado produtos compatíveis com as necessidades da demanda.

PEQUENOS INVESTIDORES. Com a estabilização da moeda, a partir do Plano Real, os investimentos em papéis especulativos perdem sua rentabilidade, como vimos, e acabam por ceder lugar a aplicações em atividades econômicas emergentes. O turismo, no final da década de 1990, surge como o novo grande mercado. Nesse sentido, embora não disponham de capital para a construção de um hotel, os pequenos investidores são convidados a participar do promissor negócio por meio da compra de unidades habitacionais[1] ou de cotas de participação. A relação

---

[1] Em hotelaria, o termo técnico "unidade habitacional" (UH) designa apartamento ou quarto de hotel e não, como na arquitetura, qualquer tipo de residência. Assim, a Empresa Brasileira de Turismo (Embratur), nos artigos 7º e 8º de sua Deliberação Normativa nº 387, de 28-1-1998, no Regulamento para Meios de Hospedagem (RMH), define UH como "espaço destinado à utilização do hóspede, para seu bem-estar, higiene e repouso".

desses pequenos capitalistas – em geral sem muita familiaridade com as particularidades da operação estratégica de hotéis – com as operadoras hoteleiras tem sido intermediada, cada vez mais, por um novo personagem: o *asset manager*.[2]

GRANDES CONSTRUTORAS. Sob a forma de parcerias com redes hoteleiras, as grandes construtoras encontraram um promissor campo de oportunidades de ganho. Sua participação no setor traduziu-se (principalmente entre 1998 e 2003) no crescimento vertiginoso da oferta de unidades hoteleiras em grandes centros de negócios, como São Paulo, e em centros regionais, como Campinas, São José dos Campos e Ribeirão Preto.

De forma geral, a expansão da participação das redes hoteleiras no mercado trouxe benefícios à hotelaria nacional. A própria competitividade gerada pela implantação de novas unidades fez com que os proprietários de hotéis independentes, antes relativamente acomodados em uma posição estável, se movessem para elevar a qualidade de seus serviços e melhorar as instalações de seus hotéis, sob o risco de perderem o lugar no mercado. Como resultado, o custo-benefício para o cliente tornou-se mais atraente.

A tabela 2 a seguir assinala as principais administradoras hoteleiras do país.

---

[2] É o profissional que, dentro da moderna atividade hoteleira, atua como representante dos investidores, fazendo a mediação dos interesses de seus clientes com as operadoras do setor. Sua experiência em hotelaria permite-lhe interceder nas políticas de novos investimentos e alocação e realocação de recursos financeiros.

A atividade hoteleira no Brasil e suas tendências **23**

TABELA 2 Maiores marcas hoteleiras do país (em número de hotéis e unidades habitacionais)

Posição	Administradora	Número de hotéis	Número de UH
1	Accor	142	25.081
2	Choice	60	9.179
3	Louvre Hotels	39	7.162
4	Blue Tree	24	4.492
5	Transamérica	22	4.447
6	Nacional Inn	35	4.068
7	Windsor	11	2.876
8	Bourbon	12	2.771
9	IHG	12	2.707
10	Wyndham	14	2.636
11	Slaviero	19	2.543
12	Othon	16	2.446
13	Posadas	11	2.111
14	Carlson	9	2.060
15	Vila Galé	6	2.040
16	Intercity	13	1.712
17	Estamplaza	12	1.650
18	Starwood	6	1.639
19	Best Western	17	1.615
20	Bristol Hotelaria	14	1.582

Fonte: Jones Lang LaSalle, *Hotelaria em números 2012*, cit., p. 8.

A entrada de novos investidores no mercado, contudo, também gerou alguns incômodos para o negócio hoteleiro, como veremos a seguir.

A superoferta de hotéis de negócio

Enquanto os ganhos do mercado imobiliário vêm da construção e venda ou locação de imóveis comerciais ou residenciais, os lucros da hotelaria são tradicionalmente obtidos pela gestão e operação de hotéis por meio dos sucessivos exercícios, ou seja, partilhando os dividendos de um fluxo de caixa positivo, ao longo dos anos.

A inversão dessa lógica pode trazer consequências por vezes danosas ao mercado hoteleiro. Foi o que ocorreu à hotelaria nacional no fim dos anos 1990. A possibilidade de obter ganhos financeiros, pela construção de hotéis de negócios e sua venda posterior a pequenos investidores ou a fundos de pensão, ocasionou um crescimento geométrico da oferta, que excedeu, em muito, o crescimento linear da demanda. O resultado disso foi a queda generalizada das taxas de ocupação dos hotéis de negócios que, aliada a problemas macroeconômicos conjunturais do país e do mundo, redundou em ganhos decrescentes por parte dos que viram, na atividade, um mercado econômico emergente e passível de investimentos imediatos.

Em um mercado dirigido pelas regras do capitalismo liberal, no entanto, fenômenos desse tipo não são incomuns e, em economias mais desenvolvidas, como a norte-americana, são normalmente encarados como algo natural. Sendo, porém, inédito no mercado hoteleiro nacional, um fato assim constitui uma oportunidade para que todos os agentes envolvidos – investidores, operadores, consultores ou acadêmicos da área – reflitam metodologicamente sobre os mecanismos reguladores da atividade hoteleira em uma economia de livre mercado. Além disso, a experiência servirá para que futuras reações de mercado sejam mais bem compreendidas e as consequências negativas, mitigadas ou cessadas.

Do ponto de vista mercadológico, tal cenário também pode ser interpretado como um realinhamento das forças de mercado, ou seja, as redes e investidores com maior aporte de capital tendem a suplantar os empreendimentos menores. Estes, por sua vez, ao perderem espaço, perdem lucratividade e, em situações extremas, podem encerrar suas atividades. É uma tendência natural, portanto, que, nas novas regiões de desenvolvimento da hotelaria de negócios, os hotéis ligados a redes gradativamente superem os hotéis conduzidos de forma independente.

Isso não significa, porém, que todos os nichos do mercado hoteleiro nos grandes centros urbanos serão afetados dessa maneira. Mesmo nos centros voltados para os negócios há lugar para unidades hoteleiras independentes que ofereçam conforto, qualidade e serviços exclusivos, como os hotéis Fasano, Unique, L'Hôtel, Emiliano, voltados para o atendimento de um público diferenciado e de alto poder aquisitivo.

O sucesso dessas unidades comprova que os operadores independentes podem perfeitamente dividir espaço com as redes, desde que a qualidade do produto se traduza na satisfação do cliente.

O COMPORTAMENTO DA DEMANDA EM UM MERCADO COMPETITIVO

Se admitirmos que a hotelaria é uma típica atividade capitalista e, portanto, sujeita às regras e às restrições do mercado, as afirmações anteriores convergem para a construção de um mosaico de comportamento de mercado que nos permite refletir a respeito de como se materializam os principais agentes da economia hoteleira: a demanda e a oferta de UH. Partindo de três premissas, construímos um quadro (ver gráfico 1, a seguir) que contém três cenários hipotéticos de mercado concorrencial voltado para a hotelaria de negócios:

1. Devido ao próprio crescimento vegetativo e econômico, a demanda hoteleira tende a crescer de maneira mais ou menos estável, embora fatores macroeconômicos e setoriais possam provocar momentos de queda ou alta acentuadas. O cenário divisado pelo quadro, portanto, é de longo prazo, no qual as situações ocasionais são menos influentes. Nesse sentido, há uma certa ousadia na premissa de que a demanda tende a um crescimento relativamente estável. No entanto, é preciso, no mínimo, refletir sobre tal hipótese.

2. O crescimento da oferta de meios de hospedagem reage ao crescimento da demanda. Um mercado concorrencial, cuja taxa de ocupação geral opera em torno de 60% a 65%, revela-se um promissor campo de investimentos, tanto para os agentes diretamente envolvidos na atividade hoteleira quanto para os investidores indiretos. Nesse cenário, o mercado receberá novos investimentos em unidades hoteleiras.

3. Em um mercado capitalista, a oferta e a demanda hoteleira tendem, no longo prazo, a equilibrar-se em níveis que permitem a sobrevivência econômica, seja pontualmente, na própria unidade isolada, ou no âmbito do grupo concorrencial.

GRÁFICO 1 Oferta e demanda em três cenários hipotéticos de mercado concorrencial

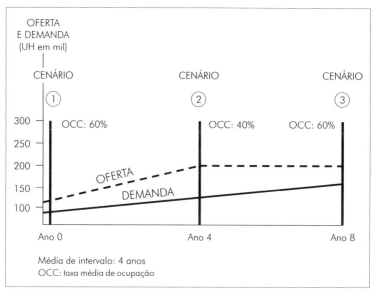

Média de intervalo: 4 anos
OCC: taxa média de ocupação

TABELA 3 Oferta e demanda anuais nos diferentes cenários (em número de UH)

	Oferta	Demanda	OCC anual
Cenário 1	120.000	72.000	60%
Cenário 2	200.000	80.000	40%
Cenário 3	200.000	120.000	60%

No cenário 1, encontra-se um mercado concorrencial estabilizado no qual a oferta e a demanda se equilibram em torno de 60% de taxa média de ocupação (OCC). O crescimento constante da demanda naturalmente atrai novos investidores para o setor. Partindo-se da tese de que nem todos os empreendedores interessados em instalar uma unidade hoteleira realizam estudos de viabilidade mercadológica, é possível que um grande número de novas unidades sejam construídas simultaneamente, em um período de três a quatro anos, ou seja, no médio prazo. O resultado disso é a superoferta de UH no final do período, que conduz ao cenário 2.

No cenário 2, decorridos quatro ou cinco anos, o mercado está saturado, em razão da entrada maciça de novas unidades hoteleiras. Como o aumento linear da demanda não acompanhou o expressivo crescimento da oferta, a taxa de ocupação geral cai ao nível de 40%. Por conseguinte, as unidades hoteleiras de menor vantagem competitiva deslocam-se paulatinamente para faixas inferiores de mercado, chegando, em casos extremos, a encerrar suas atividades. Nesse cenário, o cliente possui alto poder de decisão, direcionando sua escolha ao produto que representa o melhor custo/benefício.

No cenário 3, consequência do anterior, os investimentos em novas unidades hoteleiras diminuem ou cessam, até que o mercado volte a ser financeiramente atraente. Com a renovação da oferta de unidades provocada pela reativação do setor, a taxa de ocupação geral tende a alcançar novo equilíbrio, em torno de 60%. Nesse cenário, o mercado se caracteriza pelo maior profissionalismo e pelo predomínio de unidades hoteleiras mais competitivas, geridas com base no binômio rentabilidade/qualidade.

Em suma, os três cenários compõem um ciclo cuja dinâmica se expressa pela seleção natural do mercado, que acaba, assim, por oferecer uma gama de produtos hoteleiros mais satisfatórios às necessidades do cliente. A tendência seria que esse ciclo se repetisse, com a renovação sempre crescente das unidades hoteleiras.

Ciente, portanto, da dinâmica desse mercado, o empreendedor hoteleiro precisa sempre ter em mente estratégias de reposicionamento. Para isso, deve recorrer à criatividade e ao auxílio dos demais agentes do ambiente de negócios (consultores, colaboradores, consumidores, fornecedores, concorrentes e outros), que podem trazer contribuições efetivas para um novo alinhamento no mercado. Do contrário, mesmo com medidas que proporcionem sobrevida ao empreendimento, ele não resistirá aos frequentes ingressos, no segmento, de empresas dinâmicas e competitivas.

Outrossim, ao analisar o mercado hoteleiro, deve-se levar em conta não somente o universo dos dados macroambientais, sob o risco de conclusões simplistas. A correta interpretação do fato mercadológico requer também informações mais pontuais e essenciais, como o nível de concorrência do mercado ou as características operacionais de cada unidade hoteleira.

NOVAS TENDÊNCIAS PARA A HOTELARIA DE REDE

Foco na relação hotel/cliente

Com a modernização da operação e da gestão da atividade hoteleira, seria natural que novos conceitos e novas formas de atuação nos mercados fossem desenvolvidos especificamente para a área. Alguns são reflexos tardios de uma tendência já detectada na área da administração empresarial e aplicada nas décadas de 1980 e 1990 na indústria ou em certos setores da prestação de serviços, como o setor hospitalar. Na hotelaria, essa tendência se traduz no surgimento da logística hoteleira (tanto na instalação quanto na operação), na adequação do quadro de colaboradores (com privilégio do conhecimento multifuncional), no enxugamento dos quadros hoteleiros e nos avanços tecnológicos no campo das relações entre hotel e cliente (e hotel e fornecedores).

Outra tendência é um fenômeno típico da evolução do mercado hoteleiro e diz respeito à relação cliente/prestador de serviço: o surgimento de unidades hoteleiras específicas para determinados nichos de demanda, resultado da entrada efetiva de redes nas faixas econômicas e supereconômicas, antes campo exclusivo da hotelaria independente.

As duas tendências mencionadas alçam a atividade a patamares mais elevados em relação ao atendimento específico a determinado tipo de cliente, o que acaba por interferir de maneira positiva na própria qualidade do sistema de operação dos meios de hospedagem.

A concentração dos serviços

Uma tendência mundial que também está presente no país é a convergência dos serviços, ou seja, a concentração de unidades hoteleiras junto a seus geradores de demanda, como centros de convenções, torres de escritórios e sedes de organizações multinacionais. Tal conceito encontra-se em centros econômicos de referência nacional, como São Paulo, e estende-se a centros regionais, como Campinas e Uberlândia. No que concerne à operação da unidade hoteleira, a concentração de hotéis implica efetiva economia de gastos na captação dos clientes, já que eles percebem como positivo o fato de pernoitarem próximo dos locais de negócios.

Na convergência de serviços, a ocorrência mais comum é a instalação de duas unidades hoteleiras, com diferentes sub-bandeiras mas pertencentes à mesma rede, em um mesmo local. Nesse caso, privilegia-se não só a economia desde a implantação, uma vez que o uso de estruturas comuns reduz os custos de implantação para as duas unidades, como também os custos de operação, já que as áreas comuns podem ajudar a mitigar os custos fixos, que, na atividade hoteleira, representam tradicionalmente a maior parcela, se comparados aos custos variáveis.

A existência de duas sub-bandeiras que compartilham praticamente o mesmo espaço físico não implica o estabelecimento de uma concorrência interna. Isso porque cada unidade está voltada para um público consumidor específico, e o cliente tem, portanto, a opção de escolher, entre uma e outra unidade, a que oferece preços e serviços mais adequados a sua faixa de consumo ou a suas necessidades. Nesse sentido, tais convergências também resultam em economia para o cliente, uma vez que suas necessidades, vinculadas ao motivo da viagem, estão concentradas em determinados locais (como os escritórios de uma multinacional ou um centro de convenções), o que dispensa longos deslocamentos através da malha urbana dos grandes centros, geralmente bastante tumultuada e congestionada.

A concentração de unidades hoteleiras da mesma rede também pode indicar uma tentativa de fechamento de mercado. Exemplificando: em determinado mercado onde, após uma análise de comportamento de demanda, detectou-se um potencial médio de mil pernoites diários para os próximos três ou quatro anos, uma rede hoteleira pode implantar três unidades hoteleiras bastante próximas, a fim de fechar o mercado hoteleiro para aquela área específica. Com as três unidades hoteleiras, voltadas para diferentes segmentos (por exemplo, econômico, confortável ou superior), o cliente não ficaria sem opção de hospedagem, e a rede poderia trabalhar as tarifas de forma interna, ou seja, entre as unidades, eventualmente deslocando os valores das tarifas das unidades para variados patamares conforme as necessidades em determinado período do ano. Nessa lógica, buscar-se-ia tornar convidativo, ao cliente, hospedar-se, numa época específica do ano, não na unidade de nível confortável, mas na de nível muito confortável, por exemplo.

O uso racional e dentro do permitido pela legislação poderia ser um fator de otimização dos custos para as três unidades, viabilizando inúmeras possibilidades de manobras mercadológicas, se o cenário do momento assim solicitasse.

Num mercado "fechado" por uma rede, qualquer tentativa de instalação de unidades hoteleiras, por uma concorrente, resultaria na necessidade de deslocamento de um enorme capital para a implantação. O custo desse investimento e o retorno financeiro sobre o capital não compensariam a tentativa de se infiltrar nesse nicho específico. Nesse sentido, não seria de estranhar que, nos próximos anos, algumas empresas hoteleiras, com maior aporte de capital, buscassem o fechamento de determinado mercado hoteleiro, ocasionando uma concorrência apenas "superficial", ou seja, uma concorrência fictícia entre suas próprias unidades.

TENDÊNCIAS PARA UNIDADES HOTELEIRAS INDEPENDENTES

Expostas a um mercado competitivo, as unidades hoteleiras independentes tendem a oferecer ao público um produto diferente do disponibilizado pelas redes nacionais ou internacionais. Em um mercado dominado por redes, torna-se comum a opinião de que não se deve concorrer diretamente com elas, devido a seu alto poder de retaliação. Uma vez que as redes criam produtos cada vez mais segmentados (recentemente entraram nos mercados econômicos e supereconômicos), suas unidades hoteleiras tendem a estabelecer uma espécie de padrão de qualidade dentro de cada segmento. Naturalmente, esse padrão é mais fácil de ser alcançado por empresas que dispõem de capital excedente para reposicionamento no mercado (com readequação das instalações físicas e aprimoramento da equipe de colaboradores) do que por hotéis independentes, normalmente sem recursos para investir em tais manobras estratégicas.

Esses fatos afetam, de maneira relativamente intensa, todo o mercado brasileiro de empreendimentos de duas a cinco estrelas. Para evitar a estagnação, resta aos atuais agentes da hotelaria independente recorrer a soluções como formação de *pools*, criação de produtos diferenciados e investimento na qualidade das instalações e principalmente no atendimento ao cliente, com a promoção de cursos e programas de reciclagem de seus colaboradores internos.

A formação de um *pool* de hotéis por parte dos empreendedores independentes mostra-se como saída possível para enfrentar a concorrência no setor. Em relação às forças internas do mercado concorrencial, o *pool* hoteleiro poderia ser favorecido nos seguintes pontos:

FORNECEDORES. O *pool* de hotéis poderia estabelecer uma central de compras única para fazer aquisições em grande quantidade, baixando, desse modo, o custo dos produtos adquiridos. O *pool* também diminuiria os riscos do relacionamento com fornecedores variados, típicos nessa faixa da indústria hoteleira.

CLIENTES. A captação de novos clientes poderia ser facilitada pela criação de uma central de reservas única por parte do *pool*. A busca da demanda potencial se faria pela participação em *workshops*, pela divulgação junto a agências em congressos, como os promovidos pela Associação Brasileira de Agências de Viagem (Abav), Associação das Agências de Viagens do Interior do Estado de São Paulo (Aviesp) e Associação Brasileira de Operadoras de Turismo (sigla em inglês: Braztoa), além da participação em eventos como a Equipotel (feira de hotelaria), a Fispal (feira de alimentação e gastronomia) e o Hotel Travel Show (evento dirigido às agências de viagem e hotéis). Além disso, a contratação de um profissional de *marketing* para traçar estratégias competitivas poderia otimizar as vendas e, ao mesmo tempo, propiciar o correto posicionamento para a captação do segmento pretendido. O custo de contratação desse profissional seria pulverizado entre os componentes do *pool*.

PRODUTOS SUBSTITUTOS. O *trade* turístico é amplo e diversificado. Produtos como os recém-implantados parques temáticos e aquáticos, estâncias concorrentes, praias do litoral e até o acesso à internet como diversão têm alto potencial competitivo para os componentes do *pool*. A necessidade de uma correta promoção da imagem junto ao segmento-alvo e a busca de parcerias com essas corporações podem ser eficazes.

ENTRANTES POTENCIAIS. O mercado atual mostra sua fragilidade devida a anos de acomodação. A entrada de novos empreendimentos que operam de modo profissional e utilizam estratégias competitivas agressivas significa uma ameaça das mais perigosas à atividade hoteleira estabelecida. Nesse caso, mediante uma política de atuação conjunta e uniforme que estabeleça regras para a operação dos hotéis, o *pool* é capaz de fortalecer barreiras de entrada que dificultam o ingresso posterior de outras operadoras no mercado local.

Para o empreendedor independente, o reposicionamento que visa a novos mercados, como grupo de negócios (voltado para congressos, convenções, etc.), é oneroso, porque implica mudança radical de logística e, consequentemente, novo planejamento físico para os atuais hotéis dessa faixa concorrencial. A construção ou adaptação de áreas, de modo a permitir conforto ambiental para acomodação de congressos e convenções, por exemplo, exige modernos equipamentos informatizados para apoio logístico. É uma ação que requer substancial aplicação de capital e propicia resultados de médio e longo prazos, o que, na atual configuração de mercado, pode mostrar-se insuficiente para a estabilidade econômica desses empreendimentos.

Em suma, quando se analisam as forças que compõem o ambiente de negócios, o ponto crucial a ser percebido pelo empreendedor independente é seu real posicionamento no contexto da hotelaria, ou seja, ele deve conhecer suas vantagens e desvantagens em relação aos concorrentes.[3] O conhecimento das características estruturais da hotelaria independente é fator fundamental nessa análise. O correto posicionamento no mercado concorrencial permite a exploração de melhor desempenho competitivo e otimização de uso do produto oferecido.

---

[3] A estratégia de análise e monitoramento da concorrência é devidamente fundamentada e abordada em Michael Porter, *Estratégia competitiva: técnicas para a análise de indústrias e da concorrência*, capítulo I (Rio de Janeiro: Campus, 1986).

Desenvolvendo o negócio hoteleiro

O PROCESSO CRIATIVO

O processo criativo, ou seja, a gênese da implantação de um meio de hospedagem, pode ocorrer de diversas formas ou sob diversas condições; no entanto, ao estabelecermos dois grandes universos – a hotelaria de rede e a hotelaria independente –, podem-se verificar algumas distinções no modo de conceber um novo empreendimento hoteleiro.

De forma geral, a hotelaria ligada a cadeias de hotéis possui em sua estrutura organizacional uma área que, em alguns casos, pode chegar a constituir um departamento específico (Departamento de Projetos, Departamento de Desenvolvimento, etc.). O objetivo desse departamento é verificar, pela utilização de instrumentos específicos (como análises de ambiente dos mercados, avaliação de localização no tecido urbano, oferta e demanda regionais e locais, perfil do público-alvo), a viabilidade mercadológica e financeira de um novo empreendimento hoteleiro em local determinado. Além disso, caso se constate sua viabilidade, o departamento se encarregará de estabelecer parcerias e estudar a melhor forma de captação de recursos para o empreendimento.

Na hotelaria de rede, portanto, o processo criativo tende a seguir determinados procedimentos metodológicos, com ponderações de cenários históricos anteriores e projeções de mercado futuras, analisando diversos mercados potenciais e escolhendo entre eles os que seriam mais favoráveis às intenções de médio e longo prazos da empresa. Estudos indicam que a vida média de um empreendimento hoteleiro no Brasil pode superar 25 anos.[4] Nesse sentido, o objetivo das redes hoteleiras não estaria calcado apenas na expectativa dos fluxos de caixa gerados nos anos iniciais, mas sim no processo de decisão, que deve levar em conta a remuneração do capital investido durante os vários exercícios previstos, em uma perspectiva de médio e longo prazos.

Na atividade hoteleira independente, notadamente no que se refere às pequenas estruturas hoteleiras, o processo criativo tende a ser menos linear, valendo-se da observação direta de uma necessidade ou deficiência de meios de hospedagem em um local específico. Desse modo, pela compreensão e análise superficial da realidade de mercado e pelas informações recebidas de maneira não necessariamente ordenada, o empreendedor detecta uma carência na oferta de meio de hospedagem diante da demanda de turistas que frequentam determinado local. Da mesma forma, pode constatar carências de hospedagem adequada, ao observar, por exemplo, que muitos representantes de venda se hospedam em motéis nas rodovias, por estes oferecerem preços mais acessíveis.

---

[4] Ver David L. Tuch & Ana Paula G. Spolon, "Planejamento hoteleiro", em *Turismo: como aprender, como ensinar* (São Paulo: Editora Senac São Paulo, 2000), p. 364.

A ideia da criação de um meio de hospedagem pode maturar durante muito tempo, como é o caso, por exemplo, de um gerente de hotel que, ao longo de sua carreira profissional, adquire razoável experiência na condução dos negócios e, ao mesmo tempo, almeja a construção e operação de uma pousada depois da aposentadoria. Igualmente, pode-se encontrar um empreendedor dono de um sítio ou uma chácara, que, tendo por *hobby* aí receber amigos para pernoite e alimentação, resolve transformar essa área em um pequeno empreendimento hoteleiro, aproveitando seu potencial para a prática do turismo rural ou de aventura, por exemplo.

Há, também, o caso do empreendedor independente que obtém um excedente de capital e propõe-se a construção e operação de um meio de hospedagem, influenciado pelo sucesso de um amigo proprietário de um negócio hoteleiro. Enfim, há aquele que, com excedente de capital, resolve aventurar-se no ramo, sem a elaboração de qualquer análise de mercado, estudo de viabilidade ou plano de negócio, por entender que a propriedade de um empreendimento hoteleiro confere um certo *status* que garante a oportunidade de ascensão social.

Esses casos ilustram uma visão romântica da atividade hoteleira, que tem perdido importância muito rapidamente nos últimos anos. Hoje, os empreendedores independentes recorrem, de maneira crescente, a empresas de consultoria e assessoria independentes, que realizam estudos preliminares ou definitivos para instalação de determinada unidade hoteleira, por meio de critérios técnicos e racionais, aplicando as mesmas metodologias das redes hoteleiras. Portanto, nesse caso, a hotelaria independente tende a adotar uma estratégia mais profissional, desde o surgimento da ideia até sua efetiva implantação.[5]

ANÁLISE DA VIABILIDADE DO NEGÓCIO

Tomada a decisão de desenvolver uma unidade hoteleira, o caminho natural e necessário é verificar a possibilidade efetiva de concretização do investimento. Para realizar essa análise, conta-se com uma série de instrumentos, entre os quais se destacam o estudo de viabilidade mercadológica e o estudo de viabilidade econômico-financeira.

Atualmente, novos instrumentos de apoio às análises tradicionais de viabilidade têm sido utilizados com frequência crescente na implantação de hotéis. É o caso do sistema de informações geográficas (SIG), que, por meio de uma base de dados geofísicos, permite estabelecer a melhor localização de uma determinada tipologia de hotel em um determinado espaço físico. Na análise pontual realizada no quinto capítulo, veremos um exemplo de aplicação do SIG.

Estudo de viabilidade mercadológica

Em termos simples, o estudo de viabilidade mercadológica busca responder à seguinte questão: há público para

---

[5] A necessidade de elaboração de uma análise de mercado aprofundada para a instalação de uma unidade hoteleira é tratada em Jack N. Hodgson & James J. Eyster, "Feasibility Study", em *Cornell Hotel & Restaurant Administration Quarterly*, Nova York, novembro de 1973.

consumir meu produto hoteleiro? Para obter a resposta, faz-se um levantamento dos dados do macroambiente econômico (realidade social, política, econômica e de infraestrutura no contexto regional) do local escolhido, a fim de se determinar o conceito hoteleiro que melhor se adapta a essa realidade e verificar se de fato existe uma demanda potencial para o consumo do produto que se tem em vista.[6]

Basicamente, são os seguintes os tópicos a serem abordados nesse tipo de estudo:

CONTEXTUALIZAÇÃO SOCIOECONÔMICA DO LOCAL ESCOLHIDO. Trata-se do diagnóstico do estágio de crescimento econômico do local escolhido e de sua dinâmica de mercado, por meio da análise de suas características econômicas, sociais e ambientais. Assim, o estudo dos aspectos geofísicos regionais, do índice de desenvolvimento humano municipal (IDH-M), das políticas de incentivo, do inventário de oferta de lazer ou negócios e das potencialidades do macroambiente local permite conhecer a dinâmica de mercado. Já os aspectos econômicos, a infraestrutura de serviços, a mão de obra e a logística de fornecedores do futuro empreendimento, os deslocamentos de eixos econômicos regionais ou municipais e a influência regional são fatores cuja análise fornece uma geografia de mercado.

LOCALIZAÇÃO – VANTAGENS E DESVANTAGENS. Análise pontual da área a ser contemplada pelo projeto (terreno e entorno)

---

[6] Obra referencial e guia completo para a elaboração de um estudo de viabilidade mercadológica é David L. Tuch & Ana Paula G. Spolon, *Desenvolvimento de projetos hoteleiros: guia para elaboração de estudos de viabilidade para implantação de hotéis* (São Paulo: Faculdade Senac de Turismo e Hotelaria, 2000), mimeo.

que busca verificar pontos positivos e negativos da localização do hotel no contexto do tecido urbano ou da área rural. Nesse caso, os aspectos a serem analisados são situação legal e fiscal do terreno, legislação urbana e ambiental incidentes, condições de acesso ao local, características físicas do terreno, infraestrutura básica de serviços e ao usuário, dimensões e formato do terreno, estudo do entorno e da proximidade dos geradores de demanda para o empreendimento.

ANÁLISE DO MERCADO CONCORRENCIAL. A dinâmica do mercado se equilibra pela oferta e pela demanda, exigindo uma análise regional e local das características mercadológicas do empreendimento. Essa fase contempla a pesquisa da oferta de unidades hoteleiras concorrentes, a fim de determinar os concorrentes primários e de estabelecer sua ficha técnica, com índices históricos que contêm taxa de ocupação, média de hóspedes, desempenho, UH vendidas e diárias médias. Como instrumental técnico para a determinação do potencial de retaliação de cada concorrente direto, atual ou futuro, pode-se recorrer ao método da análise PFOA[7] (pontos fortes, pontos fracos, oportunidades e ameaças), levantando-se as possibilidades e riscos do mercado setorial e as vantagens e desvantagens dos agentes concorrenciais.

ANÁLISE COMPORTAMENTAL DA DEMANDA. É a verificação da demanda a ser atingida pelo empreendimento com respeito a dois aspectos: comportamento – que compreende o estudo de segmentação, supersegmentação, nichos de mercado, atributos de satisfação dos hóspedes, razões para não retorno, grau

---

[7] Sigla em inglês: SWOT – Strengths, Weakness, Opportunities, Threats.

de importância de comodidades e de aspectos tecnológicos – e desempenho – com análise do histórico de vendas, geradores de demanda, projeção da oferta, taxa de ocupação e diárias médias, históricas e indexadas do mercado da concorrência.

CONCEITUAÇÃO DA UNIDADE HOTELEIRA. Nessa etapa tem início o planejamento da futura unidade hoteleira, com a definição de suas características estruturais e de serviços, bem como a determinação do número de UH, do dimensionamento físico e do custo final de implantação. Efetua-se, também, uma previsão de desempenho mercadológico da empresa. Os dados colhidos nas etapas antecedentes servem de base para a conceituação. Para a finalização dessa etapa, devem-se definir primeiramente os dados mercadológicos: tipologia do hotel, número de UH, diferenciais oferecidos, públicos-alvo principal e secundário, projeção da possível demanda e da taxa de ocupação. Em seguida, devem-se estabelecer dados estruturais e de instalação: dimensão das áreas do hotel e estimativa de investimento total para o projeto, incluindo desde o custo de estudos preliminares e projeto, de edificação, de equipamentos, de utensílios, de recrutamento e treinamento de pessoal, de financiamentos, até o capital de giro necessário para o início das atividades.

Nem sempre a viabilidade mercadológica é acompanhada de viabilidade econômico-financeira, ou seja, embora haja público para o negócio, o valor que ele estaria disposto a pagar por um pernoite não proporcionaria uma sustentação financeira compatível com o investimento.

Isso pode ocorrer em mercados nos quais a concentração da concorrência se torna acirrada, mesmo que temporariamente. Uma vez que o poder de decisão do consumidor é grande, como é característica do mercado hoteleiro, o embate por meio de promoções e descontos pode levar o mercado a operar em faixas de rentabilidade que não permitam um fluxo de caixa satisfatório e uma taxa interna de retorno compatível com os riscos de capital envolvidos em um investimento imobiliário de grande monta.

Constatada, portanto, a viabilidade mercadológica, faz--se necessária a realização da análise de viabilidade econômico--financeira.

Estudo de viabilidade econômico-financeira

Essa etapa final da idealização do projeto hoteleiro procura determinar o fluxo ideal de caixa gerado pelo público potencial, capaz de remunerar o capital investido em patamares aceitáveis de rentabilidade para a operação e a sobrevivência do negócio, considerados os custos de implantação. Para Nelson Andrade e outros, tal análise consiste, algebricamente, no

> [...] conjunto de equações que relacionam variáveis independentes (aquelas que são prefixadas) e dependentes (aquelas que devem ser calculadas a partir das variáveis independentes). Uma vez fixados os valores de determinadas variáveis, chega-se aos valores das demais variáveis).[8]

O estudo de viabilidade econômico-financeira divide-se em duas fases. A primeira é o planejamento financeiro, que compreende a determinação de diversos fatores: divisão

---

[8]   Nelson Andrade et al., *Hotel: planejamento e projeto* (3ª ed. São Paulo: Editora Senac São Paulo, 2001), p. 33.

departamental, ponto de equilíbrio operacional, ponto de equilíbrio financeiro, margem operacional, projeção do demonstrativo de resultados dos exercícios posteriores (DRE) e estabelecimento do fluxo de caixa do empreendimento. A segunda fase é a análise de índices de investimento, que engloba o *pay back* do investimento, o valor presente líquido, a taxa interna de retorno proporcionada e o estudo da viabilidade financeira (retorno/risco).

AQUISIÇÃO DA ÁREA, ESTUDOS ARQUITETÔNICOS E PLANOS SETORIAIS

A aquisição da área para a edificação do empreendimento é de fundamental importância, tanto que somente deveria ser efetivada quando se constatasse a viabilidade do negócio, quer em termos mercadológicos, quer do ponto de vista econômico-financeiro. Nesse sentido, mais uma vez, as redes levam certa vantagem por possuírem maior aporte de capital. No entanto, o que ocorre com a quase totalidade dos empreendedores independentes é que o terreno foi adquirido, ou já é de posse do investidor, antes dos estudos de viabilidade. Esse fato pode acarretar certas limitações por ocasião das análises de localização (restrições de zoneamento), de acesso (inexistência de acessos rápidos e fáceis), de edificação (restrições construtivas) ou de captação de demanda (pouca visibilidade e grande distância dos geradores de demanda), limitações essas que podem, no conjunto, tornar pouco viável a rentabilidade do negócio.

Os estudos arquitetônicos[9] devem considerar o conceito do empreendimento, incluindo o dimensionamento dos setores e o número de UH previsto anteriormente nos estudos de viabilidade. Nessa fase devem ser elaborados os planos de massa, ou esquemas de distribuição dos volumes físicos (edificações) pelo terreno, a UH-tipo, as demais UH, os pavimentos-tipo, as áreas sociais, áreas de restaurantes, bares, copas e cozinhas, além das áreas de eventos, de lazer, administrativas, de manutenção e de engenharia. O memorial descritivo também é elaborado nessa fase. Em geral, nas áreas urbanas, os projetos adotam o partido arquitetônico vertical, em razão do custo elevado do metro quadrado. São hotéis normalmente voltados para o público de negócios e para eventos e convenções. Nas áreas rurais, onde prevalecem os empreendimentos voltados para o lazer, predomina o partido arquitetônico horizontal.

Os planos setoriais referem-se aos estudos de instalação e de operação de cada área específica na unidade hoteleira, prevendo, ao mesmo tempo, sua interface com as demais áreas do empreendimento. No caso de uma grande estrutura hoteleira, com 200 ou mais UH, é necessária a elaboração de um plano descritivo para cada setor.

PLANO PARA HOSPEDAGEM. Prevê, entre outros itens: dimensionamento do número de colaboradores do setor; quantidade do enxoval e comodidades da UH; política de desconto das diárias; faixas de preço das "diárias-balcão"; logística

---

[9] Obra referencial para essa área é Nelson Andrade *et al.*, *Hotel: planejamento e projeto*, cit.

de comunicação entre recepção, governança e manutenção, entre recepção e alimentos e bebidas, ou ainda entre recepção e promoção e vendas; logística dos serviços de limpeza e supervisão dos quartos e áreas sociais; esquema de folgas da recepção e da governança.

PLANO PARA ALIMENTOS E BEBIDAS. Além de dimensionar o quadro de pessoal para a área, prevê: *design* e conceito dos restaurantes e bares; engenharia de cardápios; tipos de serviço utilizados; confecção das fichas técnicas dos alimentos e dos coquetéis; horários de funcionamento; esquema de folgas; logística de recebimento, armazenamento e circulação de mercadorias dentro das cozinhas; enxoval do setor.

PLANO PARA EVENTOS E/OU LAZER. Define, entre outros itens: número de colaboradores para o setor; organização da logística de segurança e disponibilidade dos equipamentos; fornecimento terceirizado ou não de equipamentos; política de locação à parte dos equipamentos de apoio instrucional ou inclusão de seu uso nos pacotes vendidos; interface lazer e/ou eventos com hospedagem e alimentos e bebidas; elaboração do portfólio de atividades recreativas para as variadas idades.

PLANO PARA ADMINISTRAÇÃO E ESTRATÉGIA. Prevê aplicação e manutenção da política de metas traçada pela organização; manutenção permanente dos controles estratégicos baseados na implantação de uma efetiva contabilidade gerencial; dimensionamento do quadro de colaboradores para a área; estabelecimento dos sistemas de compras, de almoxarifado, de contabilidade fiscal e de controles; definição de políticas de segurança para toda a unidade hoteleira; determinação dos parâmetros de interface entre os diversos setores (administração e finanças, administração e recursos humanos, administração e setores operacionais, e administração, engenharia e manutenção).

PLANO PARA FINANÇAS. Define o fluxo financeiro nos pontos de vendas do hotel e a estratégia de controle de entrada e saída de recursos financeiros da unidade hoteleira, além de estabelecer índices de rentabilidade, liquidez e solvência.

PLANO PARA O SISTEMA DE INFORMAÇÕES. Prevê o sistema de fluxo de informações, eletrônico ou não, a ser utilizado pela unidade hoteleira, levando-se em conta as necessidades pertinentes de cada setor operacional ou administrativo do hotel, e a manutenção e atualização dos equipamentos eletrônicos (*hardwares* e *softwares*).

PLANO PARA RECURSOS HUMANOS. Define, entre outros itens: atribuições e perfis necessários aos vários cargos, segundo as necessidades de cada setor; canais de recrutamento, critérios de seleção, políticas de contratação, incluindo-se benefícios dos funcionários; políticas de ambientação e de treinamento; critérios para a análise de desempenho permanente; critérios para reciclagem, desligamento e recontratação.

PLANO PARA ENGENHARIA E MANUTENÇÃO. Estabelece processos de manutenção preventiva ou emergencial; descrição técnica de equipamentos, incluindo-se manuseio e processos corretivos; sistemas de segurança predial; medidas de contingências para processos degenerativos; medidas de rastreamento de processos para as instalações hidráulicas e elétricas; controle dos processos de geração de refugos e de manutenção ambiental.

PLANO PARA PROMOÇÃO E VENDAS. Prevê: processo de lançamento, canais de divulgação, *layout* e logotipo dos produtos do hotel; manutenção da carteira de clientes; políticas de promoção de vendas; parâmetros de interface com a administração, setores operacionais e de finanças da unidade hoteleira; criação, sistematização, análise e controle dos formulários de satisfação dos hóspedes.

Nos empreendimentos de menor porte, não é necessário elaborar planos para todos esses setores, mas somente para aqueles imprescindíveis ao bom funcionamento da unidade, como a hospedagem e a alimentação.

CONTRATOS DE GERENCIAMENTO

Com a crescente importância econômica da hotelaria no Brasil e a consequente entrada de redes operadoras internacionais no setor, conceitos mais avançados foram introduzidos na área de desenvolvimento e administração de hotéis.

Uma das características fundamentais e que marcam a entrada dessas redes no mercado é o estabelecimento de parcerias com empresas locais, a fim de diminuir os riscos de operação em um mercado desconhecido. Nesse sentido, o compartilhamento dos riscos, fenômeno típico do capitalismo, gera a necessidade de estabelecer contratos que delimitem as formas de atuação das partes envolvidas no negócio hoteleiro.

Em mercados incipientes ou com excesso de oferta de unidades hoteleiras, seria inviável a implantação de hotéis construídos e mantidos somente pelas próprias operadoras hoteleiras, em razão do montante de capital exigido para o investimento inicial e da necessidade de maior rapidez de inserção no mercado dos concorrentes. Conforme vimos, o estabelecimento de parcerias com empresas ou empreendedores já conhecedores de determinado mercado poderá dar maior solidez aos negócios. Os contratos de gerenciamento preveem o formato final dessa parceria, ao delimitar as atribuições de cada parceiro, e podem ser desenvolvidos nas diversas fases do empreendimento hoteleiro, desde a implantação até a operação.

Segundo Laura Santi, os principais sistemas de propriedade e administração de empreendimentos hoteleiros são:

- hotéis independentes administrados por seus proprietários – grupo de unidades hoteleiras administradas por empreendedores não ligados a redes, com predominância de hotéis de pequeno e médio portes;

- hotéis independentes em regime de associação – grupo de unidades hoteleiras que, embora independentes, possuem determinadas características físicas e ofertas de serviços sob condições estabelecidas pela associação;

- hotéis próprios administrados em sistema de rede – administração de várias unidades hoteleiras pertencentes a um mesmo grupo, com preservação das particularidades de cada hotel (na realidade, cada unidade específica se responsabiliza por suas políticas e ganhos);

- hotéis próprios em sistema de franquia (*franchising*) – parceria associativa entre o proprietário da edificação e a empresa operadora, na qual a experiência de gestão de uma rede é transmitida por uma de suas sub-bandeiras hoteleiras;

- hotéis individuais ou em sistema de condomínio administrados por meio de contratos de gerenciamento ou administração – as redes operam os empreendimentos para um ou mais contratantes, que submetem a edificação às normas estabelecidas pela operadora, que conduzirá o empreendimento, segundo sua política de trabalho;
- hotéis em sistema de locação (*leasing*) ou arrendamento – a edificação é arrendada, mobiliada ou não, para a operadora hoteleira, que arca com os resultados do fluxo de caixa.[10]

No próximo capítulo, analisaremos mais detidamente o mercado no qual a futura unidade hoteleira pretende se inserir. Na verdade, os aspectos dessa análise, de cunho mais global, são os primeiros a serem considerados pelo empreendedor e, em seu conjunto, podem determinar as características gerais da unidade hoteleira a ser instalada.[11]

---

[10] Ver Laura Umbelina Santi, *Informação na gestão hoteleira como vantagem competitiva*, dissertação de mestrado (Campinas: Centro de Ciências Sociais Aplicadas da Puccamp, 2004), pp. 49-50.

[11] Para mais informações sobre o sistema de administração de hotéis, ver K. S. Chon & R. T. Sparrowe, *Hospitalidade: conceitos e aplicações* (São Paulo: Pioneira/ Thomson Learning, 2003), pp. 99-103; Leonard Lickorish & Carlson L. Jenkins, *Introdução ao turismo* (Rio de Janeiro: Campus, 2000), p. 162; Jordi Montaner Montejano, *Estrutura do mercado turístico* (2ª ed. São Paulo: Rocca, 2001), pp. 152-156; Gary K. Vallen & Jerome J. Vallen, *Check-in, check-out: gestão e prestação de serviços em hotelaria* (6ª ed. Porto Alegre: Bookman, 2003), pp. 79-81; Vladir V. Duarte, *Administração de sistemas hoteleiros* (São Paulo: Editora Senac São Paulo, 1996); Geraldo Castelli, *Administração hoteleira* (9ª ed. Caxias do Sul: Educs, 2002).

A importância da análise de mercado

Os aspectos macroeconômicos, as forças concorrenciais, o grupo de fornecedores, os clientes, os novos entrantes e os possíveis produtos substitutos constituem os fatores que influenciam diretamente a rentabilidade da hotelaria, que, com o acirramento da competitividade, pode ver seus índices de retorno de investimento, *pay back*, etc. atingirem valores incompatíveis com um ambiente favorável para operação.

Quando da ocupação de mercados potenciais, a pesquisa constitui importante ferramenta para o correto posicionamento do produto hoteleiro. Na análise de cenário para um empreendimento hoteleiro, a pesquisa de mercado visa detectar as futuras tendências da localidade escolhida, revelando os vetores de desenvolvimento econômico e social passíveis de influir no futuro projeto. Essa fase engloba a verificação dos aspectos macroambientais que provavelmente influenciarão a saúde financeira do empreendimento e, por conseguinte, seus índices de rentabilidade.

Deve-se partir do fato de que o local objeto da análise se insere em um contexto que engloba outras localidades e outras regiões maiores, inevitavelmente sujeitas a determinadas

Desenvolvimento de hotéis: estudos de viabilidade

prioridades de políticas públicas. Qualquer análise de mercado, portanto, não deve ignorar as tendências nacionais e regionais antes de se deter nas locais.

Como roteiro de análise, propomos o estudo dos seguintes pontos: localização do município; aspectos geofísicos do local; histórico do local; índices econômicos com dados comparativos; índice de desenvolvimento humano municipal (IDH-M); infraestrutura; vocação turística do local; legislação ambiental; incentivos municipais.

A seguir, é abordado de forma sintética cada um desses itens.

LOCALIZAÇÃO

A análise de determinado destino não se deve limitar a descrever sua localização, mas verificar criticamente sua relação com as principais artérias de fluxo de transportes de passageiros e de cargas, além do grau de utilização e conservação dessas vias de escoamento e recebimento, tanto para a logística quanto para o deslocamento da demanda pretendida.

Em hotelaria, a distância em relação aos principais centros emissores pode ser um fator de influência positivo ou negativo, de acordo com o tipo de empreendimento proposto. A longa distância dos principais centros emissores, por exemplo, perde importância quando a demanda é formada de exploradores com elevado nível cultural. Esse grupo costuma procurar o novo, o diferente, o bucólico, o que pode tornar um destino distante algo atraente. O segmento composto pelo grupo de turismo de aventura também busca locais distantes, inéditos e de difícil acesso.

A localização ideal está estreitamente ligada ao nicho que o empreendimento está buscando atender. À análise compete verificar o grau de influência desse fator sobre a clientela do futuro empreendimento. E também levantar considerações como o risco de interrupção do fornecimento de insumos por problemas de difícil acesso, o que afetaria a cadeia de suprimentos da organização hoteleira.

ASPECTOS GEOFÍSICOS LOCAIS

O relevo, a vegetação, o clima são fatores decisivos na análise do desenvolvimento de empreendimentos hoteleiros. Os elementos físicos da paisagem podem interferir na própria relação que as pessoas estabelecem com o espaço. Além da morfologia do relevo, que condiciona o próprio aproveitamento do terreno, devem-se analisar as consequências de determinada configuração paisagística sobre a captação da demanda. Os hotéis de lazer e *resorts*, por exemplo, devem ser implantados em locais cuja vegetação constitui motivo de atração para possíveis visitantes. Esses valores se alteram, porém, no caso de um hotel projetado para ocupar um espaço urbano, que tem no público de negócios o seu principal alvo.

O clima de determinado local influi decisivamente na escolha do tipo de empreendimento hoteleiro. Um alto índice pluviométrico, por exemplo, pode ser um empecilho para a instalação de um hotel, já que compromete a utilização dos espaços externos. Caso o local já esteja escolhido e não exista a possibilidade de alteração, recomendam-se cuidados no planejamento físico do hotel, que deve prever áreas sociais e de lazer para os clientes, em dias de chuva.

Os aspectos de conservação ambiental podem levar ao sucesso ou ao fracasso do projeto. Hoje, o conceito de não agressão ao ambiente influencia a construção da imagem do empreendimento. Hotéis cuja imagem está ligada à sustentabilidade acabam sendo objeto de escolha do indivíduo preocupado com as questões ambientais. Atualmente, essa consciência ambiental tende a aumentar concomitantemente à elevação sociocultural da população.

As intervenções humanas no ambiente natural, como represamentos, usinas nucleares, desmatamentos, reflorestamentos, etc., tendem a modificar as características geofísicas locais e devem ser objeto de análise. A degradação ambiental pode ser um obstáculo para a implantação de um hotel que não quer ter sua imagem associada a locais degradados.

HISTÓRICO DO LOCAL

A elaboração de um breve histórico do local auxilia na descoberta de aspectos que podem ser aproveitados na concepção do futuro empreendimento (por exemplo, no projeto paisagístico ou no *design* interior). As características locais, na medida do possível, devem ser preservadas. Se, por exemplo, o local é tradicionalmente ocupado por fazendas, recomenda-se que a edificação seja horizontal e de estilo colonial ou rústico. A forma de apropriação do espaço na comunidade e no seu entorno segue um padrão histórico que, provavelmente, determinará critérios para futuras edificações. Esse aspecto sociológico deve ser compreendido e apontado na análise.

ÍNDICES ECONÔMICOS COM DADOS COMPARATIVOS

Para determinar possíveis deslocamentos de eixos de desenvolvimento ou alteração das características econômicas das áreas analisadas, os índices econômicos formam um corpo de informações que devem ser consideradas de maneira comparativa.

Hoje, verifica-se uma clara transformação econômica nas cidades de médio porte do interior do país, em especial no estado de São Paulo, que abandonam sua vocação de polos agroindustriais para se fixar na área de prestação de serviços. Esse fato ocorre principalmente nos centros regionais, como São José dos Campos, Ribeirão Preto e Campinas, no caso do estado de São Paulo.

A saturação de mercados cosmopolitas, como São Paulo, faz as empresas buscarem locais com oferta de grandes áreas de baixo custo, contando quase sempre com incentivos fiscais municipais. Esses fatores, aliados à crescente mão de obra especializada e à melhora de qualidade das vias de acesso, formam o cenário propício ao deslocamento de grandes fontes geradoras de pernoites – as empresas multinacionais e de alta tecnologia – para localidades de médio porte.

Dados como a renda *per capita* local devem ser comparados aos índices regionais, estaduais e nacionais, servindo como indicativos do aquecimento ou arrefecimento econômico do município.

ÍNDICE DE DESENVOLVIMENTO HUMANO MUNICIPAL (IDH-M)

O IDH-M foi criado na década de 1990 para o Programa das Nações Unidas para o Desenvolvimento (Pnud) e é um conjunto de parâmetros destinado a monitorar as políticas de melhoria da qualidade de vida dos habitantes de determinada comunidade. Três são os fatores que servem de base para a classificação de um local em termos de qualidade de vida de seus habitantes: longevidade, educação e renda.

A análise desses índices mostra a qualidade de vida da comunidade escolhida para o projeto. As taxas de analfabetismo, de natalidade e de mortalidade e dados como condições de ensino, programas sociais desenvolvidos e condições do transporte público urbano indicam o grau de evolução local, fator de importância quando da captação de mão de obra para o futuro empreendimento. Baixa escolaridade e condições sociais sofríveis significam maior investimento e esforço no treinamento ou na reciclagem da brigada de trabalho. Se o empreendedor não se interessar por captar essa mão de obra, arcará com o ônus da importação desses colaboradores de outros locais e não beneficiará a comunidade objeto de estudo.

INFRAESTRUTURA

A hotelaria caracteriza-se pelos altos custos fixos, por ser uma atividade econômica muito dependente do fator humano e, portanto, difícil de ser totalmente automatizada. Isso implica a necessidade de numerosas funções essenciais ao bom andamento do hotel, com evidentes reflexos na folha de pagamentos. Também não se podem evitar os custos variáveis, como na área de alimentos e bebidas, na qual a matéria-prima é comprada (custo de aquisição do produto), trabalhada (custo de mão de obra para transformação) e revendida ao cliente. Nesse sentido, toda a logística necessária ao bom fluxo desses processos deve ser analisada com cuidado.

Para traçar sua gestão de forma estratégica, um empreendimento que possui grande aceitação junto aos clientes, imagem consolidada, grande poder de negociação com fornecedores e capacidade de operar com fluxo de caixa negativo por longo período deve pautar-se pelo conhecimento da infraestrutura local e de seus atores.

A infraestrutura deve ser analisada considerando-se o universo de serviços necessários ao futuro empreendimento hoteleiro. Ressaltam-se os seguintes aspectos quanto a:

Mão de obra hoteleira. Devem-se levantar na região as fontes formadoras de mão de obra hoteleira, desde a preparação para cargos operacionais (instituições que ministram cursos de qualificação profissional) até a formação de quadros para chefias e gerências (centros de nível superior para turismo, hotelaria e gastronomia). Graças ao desenvolvimento do mercado turístico, a incidência desses cursos está em curva ascendente.

Fornecedores. É preciso coletar todos os dados de fornecedores de produtos hoteleiros, listando-os e sistematizando-os, de forma a se compor um universo de informações tangíveis para a análise do projeto. A localização, os prazos de entrega e as formas e prazos de pagamento devem ser rastreados, quando se deseja verificar o custo/benefício de determinada operação, como retardar o pagamento e considerar a possibilidade de adquirir produtos e equipamentos no mercado local ou recorrer a fornecedores de outros centros.

GERADORES DE DEMANDA. É necessário rastrear o mercado composto pelas empresas que normalmente utilizam o produto hoteleiro para realização de eventos (reuniões, treinamentos, congressos, convenções, etc.). Podem-se incluir nesse item as grandes universidades que porventura tenham um *campus* nas proximidades (nesse caso, a possibilidade de geração de pernoites é propiciada por professores, conferencistas e palestrantes). Para uma futura política de divulgação dirigida a esses nichos de mercado, o empreendimento precisa ser visitado e seu potencial deve ser objeto de estudo.

VOCAÇÃO TURÍSTICA DO LOCAL

A atividade turística não se restringe ao lazer, mas, como vemos nos grandes centros, é crescente o fluxo de demanda gerado pelo turismo de negócios e suas várias vertentes.

A segmentação do mercado gera grupos de demanda cada vez mais específicos, propiciando a instalação de produtos particularmente dirigidos a determinado nicho. A chamada "customização" já ingressou de forma definitiva na atividade hoteleira mundial, portanto os projetos de viabilidade devem apresentar um levantamento correto das características desses segmentos (e, às vezes, subsegmentos) de mercado.

Caso a análise esteja voltada para um hotel de lazer, a primeira etapa é verificar o potencial da localidade escolhida. Comunidades que detêm certo produto turístico geralmente tendem a superestimar a possibilidade de sua exploração. Um proprietário de área rural que abriga uma cachoeira, por exemplo, pode enganar-se quanto ao potencial que ela tem de atrair visitantes. Os atrativos turísticos podem ter apelo local, regional, nacional e internacional, mas à hotelaria interessam, principalmente, os três últimos níveis.

O levantamento dos equipamentos de apoio deve levar em conta o tipo de utilização a ser dada a esses espaços. O estudo de viabilidade não requer um inventário completo, mas deve conter os pontos relevantes para a rentabilidade do futuro empreendimento. Não basta levantar os dados dos atrativos locais; é preciso apurar sua forma de apropriação, incluindo informações como: tipologia da demanda que frequenta o local; permanência média da demanda; vias de acesso e seu estado de conservação; estado de conservação do atrativo e sua adequação às características locais.

Devem-se explorar todas as possibilidades de melhor aproveitamento desses atrativos. Um local que permite uma demanda estável e de mais de um dia reverte na geração de pernoites para os futuros estabelecimentos hoteleiros. A análise, no entanto, não se deve restringir às possibilidades de geração de diária, mas também considerar o potencial de *day use* das futuras instalações, ou seja, o uso da UH durante uma parte do dia, sem pernoite.

Além dos atrativos, é preciso identificar os pontos que virtualmente podem se tornar produtos turísticos consolidados. Espaços subaproveitados, se bem trabalhados, são capazes de gerar demanda a médio e longo prazos. Exemplo disso é a região de Brotas, no estado de São Paulo: seus atrativos naturais e históricos (cachoeiras, corredeiras e fazendas coloniais) eram subaproveitados até o final dos anos 1980, pois a região era tradicionalmente vinculada à agricultura e à pecuária extensiva. Um trabalho foi então iniciado e, em um período de cinco a seis anos, transformou a base econômica da localidade, que hoje se volta para a exploração do turismo de aventura. Essa mudança de vetores de desenvolvimento gerou um contexto favorável à instalação de pequenos meios de hospedagem que acolhem uma demanda com significativo poder econômico e forte influência como formadores de opinião.

Produtos turísticos subaproveitados podem ser encontrados nas mais diversas localidades, com diferentes vocações, como o litoral norte da Bahia, as linhas costeiras de Pernambuco e do Rio Grande do Norte, os vários destinos voltados para o ecoturismo no litoral e no interior do país. No caso do turismo de negócios e eventos, existe grande potencial para empreendimentos hoteleiros urbanos, em centros regionais, como Campinas, por exemplo. Os Visitors & Convention Bureaus[12] dos centros regionais e das capitais são fontes de dados importantes na análise desse mercado hoteleiro.

Para facilitar a sistematização e a análise dos dados, aconselhamos trabalhar por categorias, das quais o turismo de negócios, o turismo de lazer e o turismo educacional serão tratados a seguir.

---

[12] Escritórios especializados em atrair eventos e congressos para uma determinada localidade.

Turismo de negócios

Se o destino tiver como base econômica a prestação de serviços, compete à análise atentar para a nova realidade da economia mundial, baseada em conceitos pós-industriais. As localidades cuja economia se baseia exclusivamente na indústria deixarão, em médio prazo, de ser atraentes para o mercado hoteleiro. Isso ocorre principalmente por dois motivos: a automação de suas linhas de produção (enxugamento, o chamado *downsizing*, das estruturas organizacionais) e o deslocamento de seus departamentos e escritórios para locais diferentes de sua base industrial.

O crescimento da prestação de serviços aponta para uma economia extremamente ágil e com intercâmbio de informações, ampliando os deslocamentos para reuniões e congressos. Mesmo o crescimento das teleconferências, que, em princípio, poderia trazer problemas de ocupação à rede hoteleira, não representa perigo, uma vez que os eventos ainda propiciam a possibilidade de contatos pessoais e convivência no chamado "mundo dos negócios". Essa vertente do turismo comporta desde produtos para altos executivos até hotéis econômicos voltados para representantes de vendas.

Turismo de lazer

É interessante observar a pluralidade e a diversificação de faixas etárias e níveis de renda nesse supersegmento, que proporciona a instalação dos mais variados meios de hospedagem. São, quase sempre, os próprios destinos que indicam o que explorar no turismo de lazer. E o potencial de atração está ligado diretamente aos atributos naturais ou artificiais (caso dos parques temáticos) desses locais, seja pela sua localização estratégica, seja pelo ineditismo de sua oferta de produtos. Os turistas de lazer acorrem aos mais diversos locais por diferentes motivos (descanso, esporte, religião, aventura). Essa tendência deve aumentar nos próximos anos, impulsionada pelo próprio crescimento do poder aquisitivo, o que implicará a multiplicação da oferta de opções de hospedagem. É preciso identificar o perfil do público de acordo com a localidade escolhida e saber dos turistas: os que os levou até o local; quantos dias permanecerão; média de gasto; número médio de componentes por grupo; suas preferências e gostos; quanto estariam dispostos a despender com uma diária em um meio de hospedagem.

Os dados que compõem o perfil desse segmento devem ser confrontados com o perfil do projeto em questão, a fim de possibilitarem uma projeção, ainda que inicial, do potencial de geração de pernoites.

Turismo educacional

O conceito de turismo educacional relaciona-se diretamente à mais interessante de todas as vertentes atuais: o turismo sustentável. Para detectar o potencial desse promissor segmento, é fundamental conhecer os conceitos e as atividades a ele ligados, uma vez que a percepção ambiental dos consumidores se eleva a cada dia, apontando para a formação de um mercado exigente e bem informado.

Um município, além da boa infraestrutura, deve dispor de instrumentos que regulamentam e organizam a exploração da atividade, sem danos culturais, sociais e ambientais.

A análise precisa partir da premissa de que a exploração do turismo deve causar o mínimo de impacto negativo, tanto na relação entre os atores sociais envolvidos quanto na condição ambiental da localidade. Os novos contornos que o turismo adquiriu na era pós-industrial levam-nos a considerá-lo uma atividade cujas raízes estão profundamente ligadas à sustentabilidade das várias comunidades envolvidas. Como afirma Mario Baptista:

> A atividade turística é a principal causa da identificação, da recuperação e da extensão do significado cultural da raiz humana, incentivando atividades de pesquisa, recuperação e defesa da autenticidade e da genuinidade ao ambiente construído ou natural.[13]

Como já apregoava o inglês Ebenezer Howard – criador do conceito de cidades-jardins –, no final do século XIX, o desenvolvimento de projetos urbanísticos deve buscar a integração harmoniosa entre o residente, o meio urbano e o meio natural. Pode-se dizer, *grosso modo*, que a ideia de desenvolvimento sustentável já se encontra aí, embora só tenha sido sistematizada na década de 1970.

Aplicado ao turismo, o princípio de sustentabilidade deve ser a base de qualquer projeto de atividade turística. Nesse sentido, todo empreendimento hoteleiro deve passar por rigoroso planejamento inicial, no qual seis valores sustentáveis devem ser observados:

---

[13] Mario Baptista, *Turismo: competitividade sustentável* (Lisboa: Verbo, 2001), p. 167.

Desenvolvimento de hotéis: estudos de viabilidade

1. Respeito às relações sociais preexistentes, bem como à história, à cultura e ao *modus vivendi* da comunidade envolvida.
2. Respeito aos ambientes naturais da comunidade, com previsão de programas de conservação e proteção dos recursos existentes.
3. Consideração dos aspectos históricos, sociais e culturais embutidos no ambiente construído e que sejam de grande significado nas relações do residente com o espaço ocupado.
4. Minimização dos fatores que podem gerar conflito entre a população residente e os visitantes.
5. Desenvolvimento sustentado da comunidade, com a exploração do turismo sustentável, tendo-se em vista a distribuição democrática dos recursos absorvidos pelo setor aos atores sociais da comunidade, permitindo que ele gere retorno a uma ampla gama de envolvidos.
6. Consulta, na elaboração do projeto hoteleiro, a todos os setores envolvidos, como a comunidade local, organizações não governamentais, poder público e iniciativa privada, de modo a se compor um mosaico de informações que tornem viável um projeto não agressivo ao ambiente natural ou ao ambiente construído.

A gestão do projeto hoteleiro deve considerar o ponto de equilíbrio entre utilização e superutilização de determinado espaço. A apropriação não deve ultrapassar o limite de uso do local.

A inexistência, por exemplo, de uma análise de capacidade de carga, que estabeleça limites máximos de ocupação diária do espaço pelos visitantes, ou de estudos mais amplos, pode comprometer todo o planejamento da exploração turística nos municípios, refletindo-se na instalação dos meios de hospedagem. Recomenda-se que se considere a realização desses estudos e que eles não se atenham exclusivamente aos aspectos físicos do local. John Swarbrooke identifica como sendo de natureza física, ambiental ou ecológica, econômica, social, perceptiva e infraestrutural os fatores a serem considerados.[14]

As cidades acolhem grupos das mais variadas procedências e com diversas motivações de viagem. A condição principal consiste na manutenção do equilíbrio entre a exploração do produto turístico (no caso, o hotel), a conservação do espaço e o desenvolvimento, sem comprometimento, da vocação do produto.

Os municípios, por meio do poder público, em conjunto com a sociedade civil organizada e a iniciativa privada, promovem a reavaliação da exploração da atividade turística. A análise deve acompanhar atentamente esse processo e verificar quanto essas decisões influirão no desenvolvimento do projeto hoteleiro.

Resumindo, deve-se considerar que a captação da demanda deve ser executada em conjunto com atividades voltadas para a sustentabilidade e a viabilidade ambiental, a fim de causar o mínimo impacto possível.

É concatenando os diversos fatores de sustentabilidade que se alcança a percepção da vocação turística do local. Essa

---

[14] John Swarbrooke, *Turismo sustentável. Conceitos e impacto ambiental*, vol. 1, trad. Margarete Dias Pulido (São Paulo: Aleph, 2000), p. 41.

Desenvolvimento de hotéis: estudos de viabilidade

percepção, por sua vez, deve levar à dedução do meio de hospedagem compatível com as características desejadas pelo empreendedor na busca do desenvolvimento do projeto.

LEGISLAÇÃO AMBIENTAL

A legislação ambiental surge como resultado da evolução da consciência ambiental e da percepção do processo de degradação que atividades sem planejamento podem causar ao meio ambiente. É um instrumento de regulamentação das intervenções humanas que afetam a biodiversidade global, nacional, regional ou local.

Ao fazer o estudo de viabilidade mercadológica, é importante ter conhecimento das leis ambientais e suas competências, aplicabilidade, modos de aplicação e resultados. Qualquer projeto que se proponha viável deve levar em conta o correto zoneamento das áreas, suas vertentes de exploração e delimitações.

A conscientização cada vez maior dos cidadãos com respeito aos atos que agridem a natureza faz surgirem indivíduos mais críticos e menos suscetíveis de dominação pelo poder (geralmente econômico) de grandes corporações e seus projetos de exploração.

Atualmente, as facilidades à disposição do cidadão para iniciar ações civis públicas contra os agressores ambientais levam as empresas a planejar melhor seus empreendimentos, de forma a considerar todos os efeitos que eles possam vir a ter sobre o meio natural, social e econômico das comunidades atingidas. A atividade turística e os meios de hospedagem podem ser economicamente viáveis, sem ser predatórios.

Dentro da legislação ambiental, o estudo de impacto ambiental (EIA) e o relatório de impacto no meio ambiente (Rima) são hoje os instrumentos de maior poder de abrangência e de análise ambiental colocados à disposição do cidadão. Pelo seu caráter interdisciplinar e pela sua operacionalidade, com participação dos mais variados especialistas, tornam-se ferramenta poderosa na mão dos interessados na sustentabilidade de áreas atingidas por projetos de exploração econômica.

No que tange ao EIA e ao Rima, alguns aspectos devem ser salientados. O primeiro deles diz respeito à magnitude, que é fator de extrema importância para a elaboração de um EIA, pois uma intervenção que fisicamente agride uma área menor do que outra não necessariamente causará menos impacto. Por exemplo, embora a área destinada a uma usina nuclear seja menor do que a de um megaprojeto de *resorts*, não há dúvida de que sua magnitude, em termos de impacto, é bem maior.

O EIA, se necessário, deve ser realizado em conjunto com um estudo de viabilidade econômica do projeto. Quanto mais se aumentar o espectro das análises na fase de pré-execução do projeto, mais seguro ele se mostrará. As medidas mitigadoras acabam sendo menos problemáticas em um projeto que analisou os impactos mais profundamente, e o resultado poderá ser observado na rentabilidade do próprio empreendedor hoteleiro.

Cabe esclarecer que não é possível conhecer plenamente o impacto de qualquer intervenção no meio natural, pois sempre podem ocorrer efeitos de significado desconhecido, ainda não estudados nem devidamente avaliados. Análises que abordam aspectos geofísicos, biológicos, antropológicos, históricos, econômicos e sociais são a base de qualquer projeto de intervenção na diversidade natural e social de uma localidade. Deve-se considerar que, além de intervir pontualmente, qualquer projeto hoteleiro também exerce influência no entorno. E isso por diversos fatores: acessibilidade de possíveis fornecedores, possibilidade de atração de mão de obra externa, alteração no modo de sustentabilidade econômica das regiões vizinhas, deposição de resíduos ou refugos em outras áreas.

Finalmente, deve-se considerar que qualquer desenvolvimento de projeto hoteleiro em determinado espaço está sujeito a outras variáveis que não as detectáveis por um EIA ou Rima. O fator político intervém fortemente na instalação de determinados projetos, sobretudo os que envolvem grandes quantias de dinheiro.

INCENTIVOS MUNICIPAIS

Um dos procedimentos usuais adotados em localidades que buscam captar empreendimentos hoteleiros são as concessões e incentivos fiscais aos empreendedores interessados. Essa política, antes voltada para a captação de indústrias, dirige-se, hoje, à busca de produtos do *trade* turístico, sejam agências receptivas, hotéis ou instalações similares.

A análise da viabilidade de um produto hoteleiro passa necessariamente pela pesquisa sobre a política local de incentivos (isenção fiscal e descontos para aquisição de áreas) e pela verificação da interferência que ela pode ter no custo agregado da instalação e operação do meio de hospedagem. Os dados colhidos nessa fase asseguram uma visão clara das macrotendências de desenvolvimento econômico-turístico da localidade escolhida para o desenvolvimento do projeto. Permitem ainda diagnosticar claramente o meio de hospedagem conveniente ao local. Após a análise sob um prisma mais abrangente e regional, deve-se buscar pontuar o estudo, ou seja, partir para o levantamento da melhor localização para o empreendimento. O próximo capítulo tratará dessa e de outras questões.

Análise pontual: localização do empreendimento

IMPORTÂNCIA DA LOCALIZAÇÃO

A localização é um dos itens mais importantes no desenvolvimento de um empreendimento hoteleiro. Essa crença é repetida à exaustão por uma imensa gama de profissionais de hotelaria. Na verdade, a escolha correta ou não do terreno pode determinar o sucesso ou o fracasso do projeto.

Após levantar as tendências do macroambiente, deve-se partir para a verificação das áreas disponíveis dentro dos limites da localidade escolhida. O auxílio de profissionais como topógrafos, engenheiros, arquitetos, urbanistas faz-se necessário nessa fase da análise.

Para a análise pontual, recomenda-se levantar, nesta ordem, os seguintes pontos: 1) regularidade fiscal e jurídica dos terrenos avaliados; 2) leis que incidem sobre a propriedade; 3) condições de acesso ao local; 4) características geofísicas do terreno; 5) infraestrutura disponível no local; 6) atrativo visual do local (desenho da paisagem), no caso de hotéis de lazer; 7) características do entorno do sítio urbano ou rural.

Regularidade fiscal e jurídica dos terrenos

O terreno mais viável pode não pertencer ao empreendedor. Nesse caso, devem-se considerar os dados da propriedade (informações completas sobre o imóvel, como nome do proprietário, área total do terreno, valor de mercado da área, incidência de tributos municipais, estaduais e federais) e a situação legal da área (valor venal do imóvel, possível existência de área intangível, ou tampão, nos limites da propriedade, possível existência de direitos de usufruto, de usucapião e de dívidas pendentes).

Leis que incidem sobre a propriedade

Devem-se observar as leis do município que estabelecem diretrizes de desenvolvimento local e disciplinam a construção e o uso de edificações. De modo geral, essas leis têm como principais objetivos: melhorar as condições do meio ambiente na localidade, proporcionando qualidade de uso; adequar o sistema viário à capacidade de absorção de carga dos bairros e vetores de desenvolvimento; incentivar o desenvolvimento econômico sustentável dos locais que deverão ser apropriados; adequar a infraestrutura urbanística à densidade demográfica de determinadas regiões e incentivar programas de conservação do patrimônio histórico e cultural da comunidade, pelo incentivo à requalificação, revitalização e renovação dos marcos locais. Vale lembrar que as leis municipais estão sujeitas às legislações estadual e federal, podendo apenas ser mais restritivas.

Lei Orgânica do Município. Trata-se da Constituição do município. Estabelece todas as suas competências, desde suas atribuições legais até suas políticas administrativas.

PLANOS DIRETORES. Traçam as vertentes de desenvolvimento comercial, residencial, industrial ou misto de uma localidade ou região. O Plano Diretor de Turismo trata especificamente do incentivo e da organização dessa atividade econômica, podendo revelar informações como futuras áreas de uso para exploração hoteleira. O Plano Diretor de Desenvolvimento busca o desenvolvimento comunitário integral, abrangendo todos os setores básicos de um município (físico, econômico, social e territorial), considerando, de modo organizado, a gestão sustentável desses fatores. Devem-se consultar o Plano Diretor de Desenvolvimento e o Plano Diretor de Turismo, caso o município os possua, atentando para a legalidade da edificação dos meios de hospedagem no local escolhido. Alguns municípios também possuem o Plano Diretor Ambiental, que trata da sustentabilidade na utilização dos recursos naturais.

LEI DE USO E OCUPAÇÃO DO SOLO. Seu intuito é disciplinar a forma de apropriação dos espaços na cidade. Essa legislação também define a volumetria da edificação, por meio de gabaritos de construção, como porcentagem de ocupação e de edificação do terreno, número-limite de pavimentos, configuração da volumetria do edifício, porcentagem de arborização e porcentagem destinada a estacionamento de veículos ou garagem. No desenvolvimento de projetos hoteleiros, recomenda-se máxima atenção a essa lei, pois o desrespeito a qualquer um dos itens citados geralmente implica onerosas sanções previstas pela legislação.

LEIS DE ZONEAMENTO. O conceito de *zoning*, criado por Reinhard Baumeister (1814-1886), urbanista alemão do século

XIX, nasceu da necessidade de compartimentar a cidade, dando-se funções estruturais a cada uma de suas áreas ou bairros. Geralmente, as normas que regem o zoneamento das áreas inserem-se no Plano Diretor de Desenvolvimento ou na Lei de Uso e Ocupação do Solo; as áreas classificam-se, conforme a categoria de uso do imóvel, em comerciais, industriais, residenciais, mistas, de conservação e preservação ambiental. O zoneamento indicará a possibilidade de se edificar o meio de hospedagem no local escolhido e é, atualmente, contestado por alguns urbanistas pelo excesso de rigidez que impõe ao tecido urbano, o que, no caso de uma metrópole, pode não ser o mais recomendável.

CÓDIGO DE OBRAS E EDIFICAÇÕES. Dita as normas e procedimentos administrativos para aprovação da implantação dos projetos de edificações no município. Suas determinações regulamentam questões de segurança, higiene e salubridade das instalações dos futuros projetos – como, por exemplo, a necessidade ou não de instalação de *sprinklers* para o combate a incêndio, a distância entre os extintores, a largura das escadas, etc. Cabe ao analista conhecer (em conjunto com os demais especialistas envolvidos) as normas e determinações que orientam a edificação de projetos em determinado local e atentar para elas, iniciando por verificar a liberalização da edificação de meios de hospedagem no terreno.

Condições de acesso ao local

As condições de acesso são fator determinante na captação de clientes para um empreendimento hoteleiro. Para contemplar esse ponto, deve-se verificar muito bem o tipo de

Análise pontual: localização do empreendimento **77**

público que o futuro empreendimento pretende captar (o que pode ser determinado, de maneira mais ampla, na fase de análise do mercado). As diferentes características do público, sua forma de deslocamento, motivo de viagem, etc. são diferenciais importantes.

É necessário conhecer as condições que agregam maior ou menor importância aos fatores acessibilidade e visibilidade do projeto para compreender sua verdadeira dimensão. Eles não são tão importantes, por exemplo, quando o empreendimento está atrelado a uma bandeira de renome internacional, com imagem forte e qualidade consolidada no mercado. Também não são tão significativos quando se trabalha com reservas antecipadas, e a maior parte da demanda utiliza esse sistema. Em nenhuma circunstância, porém, esses fatos devem ser completamente negligenciados.

Antes de proceder à análise, é preciso conhecer alguns conceitos utilizados no mercado hoteleiro. Para facilitar a classificação da demanda hoteleira, costuma-se dividi-la nos seguintes segmentos:

EXECUTIVOS. Encontram-se nessa faixa todos os subsegmentos que utilizam meios de hospedagem para pernoites motivados por negócios. São pessoas que se deslocam individualmente, como altos executivos, diretores e presidentes de empresa, palestrantes, professores universitários e até representantes de vendas. No caso dos altos executivos, a chegada ao meio de hospedagem ocorre frequentemente por táxi rodoviário ou aéreo, proveniente de aeroportos ou outros terminais.

CONGRESSISTAS. Compõem essa faixa os participantes de congressos, convenções, treinamentos e outros eventos, que se deslocam em grupo e chegam ao hotel de carro, ônibus ou táxi, vindos de terminais de transporte ou direto da cidade de origem.

Famílias e turistas. Faixa composta por famílias em viagem de lazer, com ou sem destino definido, que raramente ultrapassam o número de quatro pessoas. Cresce nesse segmento o número de turistas que se deslocam com a reserva feita. Podem utilizar outros meios de pernoite que não o hotel, como casa de temporada, por exemplo. Geralmente se deslocam com veículos próprios ou alugados.

Excursionistas. Compõem essa faixa os grupos que se deslocam de modo organizado, buscando um destino específico. Os mais característicos são formados por excursionistas de várias faixas de idade e renda; geralmente se deslocam de avião e/ou ônibus e compram pacotes de cinco a sete dias.

Alguns estudiosos da atividade hoteleira fazem a divisão dessa demanda pelo motivo de viagem. David Tuch e Ana Paula Spolon classificam esses grupos em "individual negócios", "grupo negócios", "individual turismo" e "grupo turismo".[15] A consultoria Hotel Investments Advisors (HIA) utiliza em seus relatórios anuais as categorias "comercial", "convenções", "turista individual" e "grupo de turistas", além de "membros do governo", "tripulação aérea" e outros. Alguns especialistas chegam a atribuir pontuação para classificar cada um desses segmentos. É o caso de Stephen Rushmore, estudioso, escritor e consultor americano da área de hotelaria.[16]

---

[15] David L. Tuch & Ana Paula G. Spolon, *Desenvolvimento de projetos hoteleiros...*, cit.
[16] Stephen Rushmore, *Hotel Access and Visibility* (Nova York: Loading Hospitality, 1988).

Análise pontual: localização do empreendimento **79**

É desnecessário informar que o fluxo de trânsito e as condições de pavimentação das vias devem ser as melhores possíveis, no que diz respeito ao acesso ao hotel. Deve-se evitar posicionar as entradas, tanto a social quanto a de serviços, voltadas para vias de grande circulação de pessoas e veículos. Acessos em vias de tráfego intenso e com velocidade acima de 60 km/h podem causar transtornos aos futuros clientes, além de provocar acidentes.

Características geofísicas do terreno

Para uma análise correta da adaptabilidade do solo, é necessário contar com a participação de profissionais gabaritados. Engenheiros e arquitetos devem visitar o local, a fim de verificar a melhor opção quanto ao tipo de edificação, além de levantar outros dados para o projeto.

À análise de viabilidade compete apenas verificar se as condições de construção podem interferir no conceito do hotel desejado pelo empreendedor. Em todo o caso, conhecimentos básicos de topografia, formato e dimensionamento do terreno facilitariam o trabalho.

É fato corrente que, na construção de uma casa, o custo do terreno não deve exceder 30% do custo final da obra. Na edificação hoteleira, esse índice cai ainda mais. Deve ficar entre 15% e, no máximo, 20% do custo total da obra. Em ambos os casos, recomenda-se fazer o levantamento do perfil topográfico da área. No somatório dos valores gastos com a edificação, principalmente em sítios urbanos com alto custo por metro quadrado, esse levantamento não elevará demasiadamente os custos e pode incluir uma sondagem do terreno (perfuração do solo para definir o tipo de fundação). No caso de uma unidade hoteleira implantada em área urbana valorizada, tais medidas poderão diminuir os custos finais. Assim, problemas que seriam detectados apenas na fase de edificação dos alicerces são previamente eliminados. Além do engenheiro e do arquiteto, é recomendável também contar com o auxílio de um urbanista, a fim de que este avalie as condições de fluxo de circulação no entorno e mensurar a relação espaço ocupado no tecido urbano *versus* variáveis de acesso rápido e mobilidade pela demanda.

Deve-se levar em conta a área destinada ao estacionamento de veículos, que normalmente ocupa muito espaço em um complexo hoteleiro. No tecido urbano, esse problema tende a aumentar, o que, inevitavelmente, faz prever a hipótese de futuros acordos para utilização de áreas próximas (operadas ou não pelo próprio empreendimento).

Infraestrutura local

A infraestrutura do terreno deve ser analisada sob três aspectos: a básica, a de serviços e a oferecida para o usuário.

INFRAESTRUTURA BÁSICA. Diz respeito aos serviços de fornecimento de água, rede de esgoto, energia elétrica, depósito e retirada de lixo. Aqui, a análise deve indicar a resolução de problemas como: a captação de água por encanamento ou poço artesiano; a necessidade de tratamento de esgotos; a possibilidade de uso de fontes alternativas de energia (eólica, solar, etc.); a separação do lixo para fins de reciclagem. Em razão da crescente importância dessas questões nos tempos atuais, soluções de curto, médio e longo prazos devem entrar na pauta de qualquer empreendimento hoteleiro.

INFRAESTRUTURA INTERNA. A análise desse item deve indicar soluções de custo das instalações necessárias ao serviço cotidiano do empreendimento (como telefonia e internet), e de determinados equipamentos (como dispositivos de combate a incêndio). Inclui também uma relação dos serviços de atendimento de emergência mais próximos, como ambulatórios, hospitais, corporação de bombeiros, distrito policial, que contenham seus endereços, telefones, equipamentos disponíveis e formas de acesso mais rápidas.

INFRAESTRUTURA PARA O USUÁRIO. Engloba todas as facilidades colocadas à disposição do cliente, passíveis de tornarem-se um diferencial de oportunidade. Serviços como banco 24 horas, fácil acesso a casas de câmbio, loja de artigos pessoais e boas opções gastronômicas nas proximidades devem ser levantados e analisados sob o aspecto do ganho de oportunidade em relação aos concorrentes potenciais.

Características do entorno

É preciso ter em mente que a imagem do entorno acaba por afetar a própria imagem do futuro empreendimento. Assim, devem ser evitados terrenos próximos de pontos em processo de degradação ambiental, degradação social ou decadência urbana. Incluem-se, nessas categorias, locais em processo de favelização, áreas próximas de zonas de prostituição ou com altos índices de violência, ou locais economicamente estagnados, sem nenhum processo de revitalização ou requalificação.

A análise do entorno pode levar em conta diferentes aspectos, dependendo do tipo de hotel. Assim, para um hotel de lazer no interior, por exemplo, deve-se considerar um raio de abrangência maior – aproximadamente dois quilômetros –, tendo-se como ponto central o terreno estudado. No caso de um hotel situado em um centro urbano altamente adensado, a distância pode limitar-se a cinco quarteirões do local, porque em um raio superior a esse as pessoas tendem a não associar o entorno ao hotel.

A UTILIZAÇÃO DO SIG NOS ESTUDOS DE VIABILIDADE[17]

Atualmente, alguns novos instrumentos de apoio às tradicionais análises de viabilidade têm sido cada vez mais utilizados na implantação de hotéis. É o caso do sistema de informações geográficas (SIG) que, ao utilizar uma base de dados geofísicos, permite determinar a melhor localização de uma tipologia de hotel em um espaço físico.

O SIG surgiu no Canadá em 1962, com o objetivo de analisar os dados socioeconômicos e ambientais do país, e, durante essa década, seu uso comercial limitava-se às grandes organizações. Foi a partir dos anos 1970 que os SIGs comerciais começaram a ser desenvolvidos em larga escala, particularmente nos Estados Unidos. Hoje estão presentes em muitas

---

[17] Nesta seção contei com a colaboração de Ana Luísa Brighenti Saglietti Stefanini, graduada em tecnologia em hotelaria pela Faculdade Senac de Turismo e Hotelaria e mestranda em ciência da computação na Universidade Metodista de Piracicaba (Unimep).

áreas das iniciativas pública e privada no Brasil e no mundo: monitoramento ambiental, planejamento urbano, geografia, agronomia, engenharia, processamento de dados, pesquisas operacionais, arquitetura e urbanismo, gerenciamento de serviços de utilidade pública, engenharia de transportes, otimização do tráfego, monitoramento costeiro, controle de epidemias, definição de locais para hospitais, escolas e indústrias, avaliação de tendências de crescimento dos bairros, etc.

Como os estudos de viabilidade utilizam dados de diversas fontes, geográficos e não geográficos, o SIG pode não só auxiliar no desenvolvimento desses estudos, como também cruzar informações para avaliação do local do empreendimento proposto.

O SIG utiliza a técnica do georreferenciamento, ou seja, a cada entidade ou fenômeno geográfico associa-se uma localização na superfície terrestre. Essa localização é traduzida por um sistema de coordenadas em uma dada projeção cartográfica, em um determinado período de tempo.

Os dados do SIG prestam-se a várias aplicações. Entretanto, cada aplicação requer um tratamento específico desses dados, especialmente no que se refere a resolução, níveis de detalhe e modo de apresentação, conforme o definido na fase de modelagem do banco de dados geográfico. Esse banco deve ser alimentado segundo as necessidades do empreendimento proposto, como: proximidade de atrativos naturais ou geradores de demanda; infraestrutura básica de serviços necessários para o hotel e para o usuário; viabilidade logística para a instalação do hotel e para a cadeia de suprimentos necessários à sua operação; características geológicas do terreno que facilitem a edificação das instalações. Esses dados servem como parâmetros aos quais devem ser atribuídos pesos, conforme a necessidade, maior ou menor, das diversas tipologias de hotel.[18]

Para realizar as análises no SIG do planejamento hoteleiro, desenvolveu-se uma matriz de classificação de dados (ver tabela 4, a seguir), considerando-se dois tipos de hotel: de negócios e de lazer. As definições e diferenças entre essas categorias estão descritas no quadro explicativo que se segue à tabela 4.

Existem duas formas de classificar os meios de hospedagem: quanto ao *tipo* e quanto à *categoria* dos empreendimentos.[19] Na matriz constam os dados mais relevantes para a fase de avaliação do local durante um estudo de viabilidade para implantação de um empreendimento hoteleiro.

Cada informação recebeu uma "nota" que varia de 1 a 5, sendo que a nota 1 é de menor importância e a nota 5, de maior importância.

TABELA 4 Matriz de classificação de dados

Aspectos físicos	Negócios	Lazer
Zoneamento urbano		
Residencial	1	1
Residencial misto	3	1
Comercial	5	2
Industrial	5	1

(cont.)

---

[18] Para mais informações, ver A. Joerger *et al.*, "Applying Geographic Information Systems", em *Cornell Hotel and Restaurant Administration Quarterly*, 40 (4), agosto de 1999, pp. 48-59.

[19] Ver Laura Umbelina Santi, *Informação na gestão hoteleira como vantagem competitiva*, cit. A matriz de classificação oficial dos meios de hospedagem no Brasil, elaborada pela Associação Brasileira da Indústria de Hotéis (Abih) e pela Embratur, está disponível em http://www.abih.com.br. Ver também http://www.embratur.gov.br. Acesso em 13-5-2013.

Análise pontual: localização do empreendimento 85

Aspectos físicos	Negócios	Lazer
Uso e ocupação do solo		
Percentual de área ocupável	5	3
Percentual de área edificável	5	3
Limite de pavimentos	5	2
Recuos frontais e laterais	4	1
Tamanho e formato		
Até 4.000 m²	3	1
De 4.000 m² a 10.000 m²	5	2
Acima de 10.000 m²	4	5
Adaptabilidade		
Tipo de solo	5	4
Grau de declividade	3	5
Área intangível (APA)	1	4
Condições de pavimentação		
Urbanizada com pavimentação	5	4
Urbanizada sem pavimentação	1	3
Não urbanizada	1	3
Aspectos de infraestrutura	**Negócios**	**Lazer**
Infraestrutura básica		
Água	5	3
Esgoto	5	3
Energia	5	5
Acesso		
Muito tráfego	3	1
Pouco tráfego	2	5
Deslocamento rápido	5	2
Fornecedores para implantação		
Materiais de construção	5	4
Equipamentos	4	5
Utensílios	4	5

(cont.)

Desenvolvimento de hotéis: estudos de viabilidade

Aspectos de infraestrutura	Negócios	Lazer
Telefonia e comunicação eletrônica		
Disponibilidade de linhas	5	4
Provedores	5	3
Bandagem (banda larga/comum)	4	3
Atrações turísticas do município		
Atrativos edificados	5	2
Atrativos naturais	1	5
Oferta de hotéis competitivos no município		
Concorrentes diretos	5	4
Concorrentes indiretos	4	3
Mercados geradores de demanda do município		
Beleza natural/paisagem	1	5
Diferenciais da natureza	1	5
Centros tecnológicos	5	1
Proximidade de centros comerciais	5	2
Proximidade de centros industriais	4	1
Proximidade de centros educacionais	4	1

Fonte: Elaborada por Ana Luísa Brighenti Saglietti Stefanini.

No quadro a seguir serão explicados, de forma breve, os dados da matriz.

ASPECTOS FÍSICOS

Zoneamento urbano (zonas). As leis de zoneamento compartimentam a cidade de acordo com suas diversas funções. Os hotéis de negócios precisam estar próximos às empresas que têm potencial de gerar pernoites, podendo situar-se em zona comercial e/ou industrial. Já os hotéis de lazer geralmente se encontram em áreas rurais e não estão tão sujeitos às restrições do zoneamento. O item "comercial" atribui nota 2 ao hotel de lazer, pois pode ser interessante que ele fique perto dos centros urbanos. A proximidade dos grandes centros tem relação direta com os potenciais geradores de demanda.

Uso e ocupação do solo. No item referente ao percentual de área edificável, os hotéis de negócios têm pontuação máxima (5 pontos), porque o valor do metro quadrado dos terrenos urbanos é mais alto que na área rural. Nesse caso, a edificação ocupará o máximo possível do terreno. Esse item perde importância nos hotéis de lazer, já que muitos deles estão implantados em glebas muito grandes. Pelo mesmo motivo, os itens referentes ao percentual de área ocupável, ao percentual de área edificável e ao limite de pavimentos também perdem importância. Em "recuos frontais e laterais", a pontuação é maior em hotéis de negócios porque, quanto menor o recuo, maior a taxa de ocupação do terreno.

Tamanho e formato. Quando os hotéis de negócios se localizam em terrenos de até quatro mil metros quadrados, podem não dispor de estacionamento, por isso a pontuação 3. Entre quatro mil e dez mil metros quadrados está o tamanho mais apropriado para os hotéis de negócios, por ser possível construir estacionamento e reservar espaço para expansão futura do empreendimento. Um terreno com mais de dez mil metros quadrados é muito bom para o hotel de negócios, embora o valor do metro quadrado possa tornar inviável o empreendimento em áreas urbanas. Os hotéis de lazer devem situar-se em grandes áreas, pois o partido arquitetônico é horizontal, exigindo muita área para edificação.

Adaptabilidade. O item "tipo de solo" deve ser considerado de acordo com o partido arquitetônico adotado. Como no hotel de negócios predomina o padrão vertical, a carga do edifício sobre o solo é maior e mais concentrada, requerendo uma fundação muito mais rígida. Já o hotel de lazer, por se tratar de construção horizontal, pode ter fundações menos rígidas, pois a pressão do edifício sobre o solo é menor e mais bem distribuída. No item "grau de declividade", a pontuação do hotel de negócios é menor porque é possível aproveitar o desenho da paisagem, que pode ser um atrativo. Nos hotéis de negócios podem-se utilizar terrenos com grande declividade para construção de estacionamentos, centros de convenções, cozinhas, etc. O item referente à área intangível tem valor maior para os hotéis de lazer, por causa da presença das áreas de proteção ambiental (APA), praticamente inexistentes nas áreas urbanas, onde se localizam os hotéis de negócios.

Condições de pavimentação. O item de via urbanizada com pavimentação tem pontuação maior para hotéis de negócios, em razão da necessidade de deslocamento rápido dos hóspedes. Esse item tem menor importância no hotel de lazer, porque o objetivo do hóspede, nesse caso, é descanso, diversão, aventura, admitindo este até mesmo transitar por estradas esburacadas para chegar a seu destino.

ASPECTOS DE INFRAESTRUTURA

Infraestrutura básica. No hotel de lazer, o abastecimento de água tem pontuação menor, pois normalmente se encontra em áreas rurais. Nessas áreas é possível a construção de poços artesianos ou a utilização de mananciais próprios, o que não ocorre nas áreas urbanas, abastecidas por rede municipal e/ou estadual. No caso de esgoto, nas áreas rurais, existe a possibilidade de construção de fossas sépticas, e, nas áreas urbanas, a coleta é feita pela rede pública. Com relação ao item "energia", ambos os tipos de hotel necessitam dela da mesma forma.

Acesso. No item "muito tráfego", a nota é menor no hotel de lazer, pois o tráfego intenso não é interessante para esses hotéis, em razão do fator segurança, além do que as vias de circulação com alto grau de uso interferem negativamente no conforto sonoro e ambiental dos hotéis. Já nos hotéis de negócios, o deslocamento rápido é uma necessidade do hóspede, que normalmente precisa cumprir uma agenda pontuada de compromissos com hora marcada e em diversos lugares. Ou seja: o hóspede do hotel de negócios utiliza o empreendimento como meio e o hóspede do hotel de lazer, como fim.

Fornecedores para implantação. Normalmente os hotéis voltados ao lazer possuem equipamentos em maior número que os hotéis de negócios. Tal fato converge para a necessidade de um número maior de fornecedores para o processo de implantação. Exemplificando: uma área de lazer será muito mais equipada num hotel de lazer, ou seja, existem piscinas com maiores dimensões, quadras em maior número, áreas de recreação, áreas de revitalização e de tratamento de beleza e saúde, entre outras. Elas podem existir em um hotel voltado aos negócios, mas, normalmente, são em menor escala. Nesse sentido, o chamado valor agregado do hotel de lazer é, quase sempre, maior, exigindo maior diversificação de fornecedores, o que faz essa tipologia de hotel receber uma avaliação maior nesse item.

Telefonia e comunicação eletrônica. Nos hotéis de negócios, deve haver ampla disponibilidade de linhas telefônicas e de acesso à internet, porque o hóspede está em viagem de trabalho. O hóspede de lazer, pela própria natureza de sua estadia, não tem tanta necessidade desses serviços. No item "bandagem (banda larga e/ou comum)", os hóspedes de negócios precisam enviar informações escritas, sem necessidade total da banda larga, por não terem tantas imagens nas informações enviadas.

Atrações turísticas do município. Nos hotéis de negócios, os atrativos edificados são de extrema importância para o turista de negócios. Esse tipo de empreendimento deve estar próximo de grandes centros de convenções, centros empresariais, *shopping centers*, entre outras atrações. Nos hotéis de lazer, os atrativos naturais são obviamente mais importantes, como a proximidade de montanhas, praias, matas, etc.

Oferta de hotéis competitivos no município. Nesse ponto, a diferença entre hotéis concorrentes diretos e indiretos se dá por vários fatores: imagem do hotel, serviços oferecidos, instalações, público-alvo, faixa de preço. Quando todos os itens influenciam o empreendimento analisado, o hotel apresenta-se como concorrente direto. Quando são apenas dois ou três itens, o hotel é considerado concorrente indireto. Essa avaliação considera fatores bastante intangíveis. A localização é fator que determina a concorrência, porque a delimitação geográfica dos concorrentes na área urbana se dá de modo diferente na área rural. No caso dos hotéis de lazer, a concorrência é mais pulverizada, sendo que alguns empreendimentos concorrentes primários podem até se localizar em outras cidades, diferentemente dos hotéis de negócios, que encontram seus concorrentes primários no entorno do hotel.

Mercados geradores de demanda do município. Os fatores que geram demanda para os hotéis de negócios são diferentes daqueles que geram demanda para os hotéis de lazer. Aqui também alguns deles são intangíveis. As belezas naturais e sua peculiaridade são de extrema importância para os hotéis de lazer, ao passo que os centros tecnológicos, comerciais, industriais e educacionais são mais importantes para o grau de exigência dos hóspedes de negócios.

Para inserir os dados no SIG, é necessário ter uma foto aérea ou uma imagem de satélite da localidade em que está sendo elaborado o estudo de viabilidade. É possível adquirir muitas fotos aéreas e com elas montar um mosaico, a fim de se obter no sistema a visão completa da cidade.

Utilizando-se o software SIG Idrisi,[20] os dados da matriz são digitalizados, ou seja, identificados na imagem e transformados em mapas ainda sem as referências geográficas de

---

[20] Mais informações em http://www.clarklabs.org. Acesso em 13-5-2013.

latitude e longitude. Para referenciar geograficamente um mapa, é necessário ter pontos de latitude e longitude (referências geográficas) e inseri-los no SIG. O próprio sistema georreferencia todos os mapas.

Após o georreferenciamento desses mapas, as variáveis da tabela 4 são inseridas, e o SIG, por meio de análises de distância e combinações matemáticas, realiza o cruzamento de dados que indica qual dos terrenos da cidade é o mais adequado à implantação de um hotel de negócios e/ou de um hotel de lazer, considerando a fase de avaliação do local do estudo de viabilidade.

A utilização do SIG na área de hotelaria é ainda incipiente, mas a ferramenta promete ser muito útil aos analistas na avaliação de locais para a implantação de um empreendimento hoteleiro.

Análise do universo concorrencial

Os concorrentes existem, independentemente do que o novo projeto pretenda desenvolver como diferencial de mercado. Tais agentes devem ser analisados com atenção, verificando-se sua virtual interferência no futuro empreendimento. Deve-se analisar o comportamento geral da concorrência, quando da entrada da nova unidade hoteleira, bem como mensurar os poderes de reação de cada uma das demais unidades que já operam nesse mercado-alvo. O acompanhamento das movimentações perceptíveis da concorrência direta e das tendências gerais do mercado hoteleiro regional e nacional serve de base não só ao planejamento das ações estratégicas da futura unidade, mas também à sua posterior condução.

Analisado o potencial do mercado, constatados os pontos fortes e fracos da localização e estabelecido o segmento-alvo do futuro empreendimento hoteleiro, devem-se identificar os concorrentes em operação, bem como prever, a curto e médio prazos, os futuros concorrentes do mercado-alvo. Busca-se, assim, verificar quais são os agentes econômicos que oferecem produtos e serviços hoteleiros iguais ou similares ao hotel projetado e que estarão posicionados na mesma faixa de mercado.

O mercado é regido pelas regras da oferta (agentes econômicos que oferecem ao consumidor o produto hoteleiro) e da demanda (universo de consumidores que, por vários motivos, desejam ou necessitam consumir o produto hoteleiro). Além de identificar seus concorrentes mais próximos (diretos), deve-se colher o máximo de informações sobre cada um deles: seu desempenho mercadológico, seu desempenho financeiro e seu potencial de reação à entrada de mais um concorrente no mercado. Mercados com incidência maior de unidades hoteleiras ligadas a redes normalmente são mais difíceis para um novo empreendimento. Isso se explica pelo poder de retaliação e de combate que caracteriza essas unidades.

Em um mercado agressivo, os processos de instalação e de posterior gestão devem estar solidamente estabelecidos, exigindo, para isso, um nível de planejamento baseado em rígidos controles gerenciais e maior apuro na estratégia financeira. O empreendimento deve ser planejado de modo a permitir, aos gestores, mensurar os limites do potencial de combate mercadológico da futura unidade hoteleira ao se instalar no mercado.

Um dos problemas, durante os estudos de mercado, é definir os concorrentes diretos e os concorrentes indiretos, ou seja, o que disputa a mesma faixa do hotel projetado, competindo com ele em todos os produtos oferecidos, e o que concorre em uma ou outra área apenas. Essa questão será analisada adiante, com mais profundidade.

O levantamento das informações dos concorrentes pode ocorrer de maneira linear ou empírica. Uma pesquisa de campo, porém, deve ser realizada de forma exploratória, contemplando visitas aos concorrentes, com a observação e a coleta de dados pertinentes, que permitam um verdadeiro dimensionamento de seu potencial de desempenho de mercado. Alguns itens servem de parâmetros para a obtenção desse dimensionamento. São eles:

IMAGEM JUNTO AO PÚBLICO. Todo hotel acaba por adquirir uma identidade e firmá-la perante o público, quer o frequente quer não. Um hotel pode ter a imagem de um produto muito sofisticado, mas em um grau que estimule o seu consumo; é o caso de hotéis como Fasano, Emiliano, Unique, L'Hôtel, entre outros. Outro identifica-se como um bom produto no que tange ao custo/benefício, contudo sem sofisticação maior, como os hotéis econômicos Íbis, da rede hoteleira de origem francesa Accor.

INSTALAÇÕES. Esse item, por ser mais tangível, é um dos mais fáceis de ser analisado, bastando verificar se as instalações físicas dos concorrentes assemelham-se às do futuro empreendimento.

SERVIÇOS. Com a crescente profissionalização das unidades hoteleiras, a área de serviços tem adquirido cada vez mais importância. O capital humano é essencial para a qualidade do serviço oferecido. Deve-se verificar, além da gama desses serviços, o nível de formação profissional dos colaboradores.

DEMANDA. Verificar se o foco de captação de clientes está centrado na mesma demanda pretendida pelo futuro empreendimento hoteleiro. Recomenda-se, ainda, levantar a possível concentração do público-alvo em determinado local emissor de demanda (região metropolitana de São Paulo, para os hotéis de lazer das estâncias turísticas do estado de São

Paulo, por exemplo). Uma análise da política de promoção e vendas dos hotéis concorrentes também é necessária.

FAIXA DE DIÁRIAS. Os valores das diárias cobrados no balcão ou negociados podem determinar uma concorrência mais direta ou não. Se associados ao tipo de serviço ou às instalações oferecidas, será possível mensurar o custo/benefício de cada concorrente. A política de descontos, ou seja, as normas internas de concessão de descontos sobre os valores cobrados no balcão do hotel, é um dos itens mais pertinentes e fundamentais da análise desse item.

PROXIMIDADE. Nem sempre o fator proximidade é prioritário na análise da concorrência de determinado mercado; às vezes, para o possível cliente não importa a distância do hotel, mas sim outros fatores, como instalações agregadas (quadras, piscinas, áreas de convenções) ou atrativos do entorno (praias, cachoeiras, montanhas, centros empresariais).

Se, na maior parte desses itens pesquisados, uma unidade hoteleira corresponde razoavelmente ao empreendimento projetado, trata-se de um concorrente direto, portanto deve ser observado com especial rigor. Eventualmente, se essa correspondência existe em apenas um ou dois itens, determinada unidade hoteleira, próxima em termos de localização, pode ser apenas um concorrente indireto.

Um hotel pode oferecer serviços agregados que vão além do pernoite: alimentação, eventos, banquetes, coquetéis de lançamento de produtos, serviços de banho, saunas e diversas terapias. Nesse caso, a concorrência pode se estabelecer apenas em um item. Por exemplo, é necessário levantar os restaurantes, dentro dos hotéis ou não, que poderão vir a estabelecer uma concorrência direta com o futuro restaurante do hotel projetado, ou ainda pesquisar os hotéis que oferecem serviços terapêuticos.

Um ponto fundamental, quando se analisam os concorrentes, refere-se à diferença entre os *aspectos de destaque do concorrente* (serviço que é oferecido por todo o grupo concorrencial, mas que se destaca em um hotel específico) e os *diferenciais do concorrente* (produto ou serviço oferecido em apenas uma unidade hoteleira entre todas as concorrentes).

ELABORAÇÃO DE FICHAS TÉCNICAS

A elaboração de fichas técnicas sobre os concorrentes é necessária e faz parte da política de monitoramento permanente das forças concorrenciais. A finalidade é fornecer subsídios para uma interpretação mais apurada sobre o real poder de cada um dos hotéis que atuam na mesma faixa de mercado. A ficha técnica é elaborada com base em um apanhado de dados obtidos pela pesquisa de campo. Esses dados vêm de fontes primárias (visita técnica aos hotéis concorrentes) e fontes secundárias (consulta a publicações ou artigos pertinentes à área).

DADOS GERAIS

Identificação do hotel

Nome

Empresa

Endereço

(cont.)

Desenvolvimento de hotéis: estudos de viabilidade

Fone/fax

E-mail

Home page

Pessoa de contato

Imóvel próprio ou arrendado?

Porte do hotel

( ) De 20 a 50 UH

( ) De 51 a 100 UH

( ) De 101 a 200 UH

( ) De 201 a 600 UH

( ) Mais de 600 UH

Número de apartamentos

Número de suítes

Número de suítes especiais

ÁREA DE ADMINISTRAÇÃO E ESTRATÉGIA

Tipo de administração: rede ou independente?

Se independente, é ligado a algum sistema associativo?

Se ligado a rede, ela é de abrangência nacional ou internacional?

Como se dá a divisão societária?

Existem contratos de gerenciamento?

Se sim, quais as responsabilidades e obrigações de cada parte?

(cont.)

Análise do universo concorrencial **99**

Qual a estrutura organizacional da área administrativa?

Existe algum tipo de administração estratégica?

Qual a participação em decisões da:

Alta administração

Média administração

Áreas operacionais

Existe incentivo à participação dos colaboradores no processo de decisão?

Existe uma política de cumprimento de metas anuais?

Existe um processo de planejamento para exercícios futuros?

Se sim, qual o período anual utilizado para planejamento do próximo exercício?

Quem participa da elaboração do planejamento?

Existem parcerias estabelecidas com outras empresas do *trade* turístico?

Se sim, quais as parcerias e o que objetivam?

Existe um programa de acompanhamento dos concorrentes diretos?

Utilizam-se instrumentos de controles gerenciais?

Se sim, quais os métodos de controle?

Estratégicos

(cont.)

Financeiros

Operacionais

Contábeis

De investimentos futuros

O hotel trabalha com fornecedores certificados?

Qual a margem de lucro operacional do empreendimento?

Está em queda? Está em alta?

Qual a participação das áreas do hotel nas receitas totais?

Qual a participação das áreas do hotel nas despesas totais?

OPERAÇÕES

Como se caracterizam, em termos operacionais, as áreas (e suas respectivas subáreas) de:

Hospedagem

Alimentos e bebidas (A&B)

Eventos

Lazer

Outras áreas

Qual o número de colaboradores nas áreas de:

Hospedagem

Alimentos e bebidas (A&B)

Eventos

Lazer

(cont.)

Outras áreas _____

Qual a participação, no desempenho financeiro, das áreas de:

Hospedagem _____

Alimentos e bebidas (A&B) _____

Eventos _____

Lazer _____

Outras áreas _____

Qual o grau de utilização por parte de não hospedados das áreas de:

Alimentos e bebidas (A&B) _____

Eventos _____

Lazer _____

Outras áreas _____

Os sistemas de informação utilizados são eletrônicos ou manuais?

_____

Esses sistemas operam de forma integrada?

_____

Se sim, como opera a interface desses sistemas de informação nas áreas de:

Hospedagem _____

Alimentos e bebidas (A&B) _____

Eventos _____

Lazer _____

Outras áreas _____

Há um setor de engenharia ou de manutenção?

_____

Se sim, quais as formas de manutenção adotadas?

_____

Existe um sistema organizado de logística de abastecimento de insumos?

_____

(cont.)

> Existe algum sistema de padronização de procedimentos (ISO 9002, ISO 41001, etc.)?
>
> Existe algum programa de qualidade adotado para a área operacional?
>
> Quais os principais fluxos?

PROMOÇÃO E VENDAS

> Como é a política de promoção e vendas?
>
> Quais os canais de divulgação utilizados pelo hotel?
>
> Qual oferece mais retorno?
>
> Existe *site* do empreendimento?
>
> Se sim, quais os recursos para o cliente?
>
> Existe instrumento de controle do *market-share*?
>
> Qual o segmento-alvo do hotel?
>
> Quais os mecanismos de captação de clientes?
>
> Existe algum programa de fidelização do cliente?
>
> Quais os principais centros emissores de demanda?

(cont.)

Análise do universo concorrencial **103**

A demanda é pulverizada ou está concentrada em determinada área?

Quais as principais empresas geradoras de demanda?

Qual a política de descontos utilizada pelo hotel?

Existe uma equipe de vendedores externos?

Existe algum banco de dados sobre os clientes?

Se sim, de que forma é utilizado?

Existem sistemas de aplicação, coleta, sistematização, análise e interpretação de índices de satisfação do cliente?

Se sim, de que forma eles operam?

RECURSOS HUMANOS

Qual o organograma do hotel?

Qual o número total de colaboradores?

Qual o grau de especialização dos colaboradores nas áreas de:

Hospedagem

Alimentos e bebidas (A&B)

Eventos

Lazer

Outras áreas

(cont.)

Desenvolvimento de hotéis: estudos de viabilidade

Existem fichas de descrição das funções e dos perfis desejados?

Existe uma política de recrutamento de colaboradores?

Quais os canais de comunicação utilizados para isso?

Existe uma política de seleção?

Se sim, a seleção é feita pela própria equipe do hotel ou por empresas terceirizadas?

Quem é o responsável pelo processo de contratação?

Qual o grau de participação das chefias nesse processo?

Quais os benefícios para os colaboradores?

Existe algum programa de ambientação?

Como se dá o processo de treinamento das equipes?

Existe um sistema contínuo de avaliação de resultados?

A qual sindicato estão ligados os colaboradores?

Existe uma boa relação entre hotel e sindicato?

Certamente, nem sempre será fácil obter esses dados. Nesse caso, recomenda-se o bom senso. Além de interpretar

Análise do universo concorrencial **105**

as informações essenciais, é preciso verificar, de forma crítica, as condições gerais do empreendimento pesquisado, pois o conceito do futuro hotel, embora não deva fugir muito ao padrão da concorrência direta, precisa oferecer produtos diferenciados que lhe tragam vantagem competitiva.

Os hotéis que atuam no mercado concorrencial direto podem não ser os únicos a afetar o desempenho mercadológico do futuro empreendimento. Deve-se atentar para o fato de que, no caso de um mercado promissor e atraente, seria inevitável a entrada de novos hotéis concorrentes nessa mesma faixa de mercado. Considerando-se que, desde a fase de elaboração dos estudos de viabilidade, dos planos de negócios, até o início das operações do hotel, pode haver um intervalo de até três anos, percebe-se que esse espaço de tempo seria suficiente para a entrada de novos concorrentes. Afinal, nesse hiato, há tempo mais do que suficiente para outras redes ou consultorias independentes analisarem esse mesmo mercado e avaliarem seu potencial de negócios. Portanto, é necessário buscar informações sobre novos projetos hoteleiros que, nos moldes do hotel estudado, pretendem se instalar na mesma faixa concorrencial. Buscas em *sites* das redes hoteleiras, imobiliárias, cartórios de registro de imóveis locais, além de empresas de consultoria hoteleira, podem trazer excelentes indicativos sobre a concorrência.

No caso do mercado hoteleiro pretendido apresentar dados mercadológicos e financeiros promissores para vários exercícios, deve-se prever que a concorrência será acirrada. Por consequência, ocasionará, além da provável queda da diária média do mercado, elevação geral da qualidade dos serviços e das instalações oferecidas ao cliente. Tal fato exigirá, a médio prazo, a mobilização de capital excedente para reformas e readaptações dos empreendimentos existentes.

Um empreendimento sem essa disponibilidade de capital terá grandes dificuldades de permanecer nessa faixa de mercado. A probabilidade maior é deixá-la, por questões de obsolescência do produto e, provavelmente, se acomodar em outra faixa, logo abaixo daquela para a qual o empreendimento foi projetado. Em uma atividade hoteleira caracterizada pela segmentação, com produtos dirigidos cada vez mais a públicos específicos, essa queda pode acarretar graves consequências a médio prazo, levando até mesmo ao encerramento das atividades por parte daquele empreendimento que não foi capaz de acompanhar o ritmo de renovação do mercado. A análise da concorrência também serve para impedir que isso ocorra, ao determinar o real poder da futura unidade hoteleira de sobreviver no mercado.

A ANÁLISE PFOA OU SWOT

A análise mercadológica denominada PFOA ou SWOT é uma ferramenta da administração estratégica que permite levantar os dados a partir de duas facetas: 1) no ambiente externo à unidade hoteleira, detectando as oportunidades e ameaças a que um mercado está sujeito, e 2) no ambiente interno à unidade hoteleira, determinando os pontos fortes e fracos do empreendimento em seu universo concorrencial direto. Mais adiante trataremos detidamente das forças que compõem esses ambientes e que são capazes de interferir no mercado e no empreendimento.

Embora dirigida a empreendimentos já em fase de operação, essa análise é excelente instrumental técnico para a melhor compreensão das forças que interferem no mercado concorrencial em que o empreendimento pretende atuar. Em um estudo de viabilidade para empreendimento hoteleiro, a análise das oportunidades e ameaças futuras pode definir o momento ideal de sua instalação, ou ainda determinar sua antecipação (rara) ou seu adiamento (mais frequente).

Sendo capaz de determinar os pontos fortes e fracos de concorrentes diretos, por um lado ela permite mensurar que empreendimento entre os existentes é o mais passível de ser acompanhado, por apresentar mais vantagens competitivas. Por outro lado, também pode detectar que concorrente, do ponto de vista dos custos, não requer um acompanhamento mais próximo, por se tratar de um hotel com maior número de pontos fracos, em comparação com os demais concorrentes do mercado. É importante ressaltar que, em uma análise de viabilidade ou plano de negócio hoteleiro, o que interessa não é o momento atual e, sim, as tendências futuras, sejam elas do mercado em geral, ou de cada um dos concorrentes diretos.

Oportunidades e ameaças

Alguns itens deverão compor o levantamento das oportunidades e ameaças em uma análise PFOA ou SWOT voltada para empreendimentos hoteleiros. São eles:

FATORES AMBIENTAIS. Evolução global da consciência preservacionista; surgimento de clientes que têm na questão do respeito ao ambiente um fator de escolha de compra de pernoites; diminuição do uso de recursos não renováveis nos empreendimentos hoteleiros; condições climáticas da área.

FATORES SOCIAIS. Surgimento de determinado destino turístico como novo ponto de convergência de turistas ou de negócios; crescimento ou queda do poder aquisitivo da população de determinada região ou área; melhora ou deterioração dos índices de saúde, educação, infraestrutura e habitação de determinado município ou região.

FATORES ECONÔMICOS. Aquecimento ou desaquecimento econômico da área escolhida para o projeto; aumento ou diminuição do poder aquisitivo do país; distanciamento social muito grande, que pode provocar conflitos; aumento ou queda do valor monetário das moedas, tanto nacional como estrangeiras; processos de alteração da configuração macroeconômica nacional ou regional; abertura ou fechamento de linhas de financiamento a juros baixos.

FATORES POLÍTICOS. Criação de planos e programas, nos níveis municipal, estadual e nacional, de incentivo ao turismo e à atividade hoteleira; incentivos fiscais municipais para a instalação de unidades hoteleiras; estabilidade ou desestabilidade política municipal, regional ou nacional; criação de políticas, nacionais ou internacionais, que interfiram no câmbio monetário; política nacional de juros.

FATORES SETORIAIS. Aquecimento da atividade hoteleira regional ou nacional; aumento ou queda dos custos de insumos para a atividade hoteleira; distância em relação aos fornecedores; superoferta de unidades hoteleiras e de UH; concentração de hotéis de redes nacionais ou internacionais em determinada área escolhida para o futuro hotel; taxas de ocupação e diárias médias gerais de mercado em queda ou em alta; existência ou não de associações ou grupos de hoteleiros organizados e atuantes; existência ou não de sindicatos organizados, com política clara de negociação, de definição de faixas, pisos e reajustes salariais.

Pontos fortes e fracos no mercado hoteleiro

Na análise do mercado concorrencial interno, com foco nos pontos fortes e fracos de cada hotel, inúmeros itens são passíveis de análise: imagem do hotel ou da rede; localização do empreendimento; preços praticados junto aos clientes; política de desconto de diárias utilizada pelo hotel; condições das instalações físicas; condições dos equipamentos; nível de sofisticação tecnológica; política de reservas; recursos financeiros disponíveis; grau de profissionalização dos colaboradores; qualidade de atendimento; rapidez nas solicitações; diferenciação na oferta de produtos de hospedagem, alimentos e bebidas, eventos, lazer, entre outros; estacionamento coberto ou não; planejamento de políticas estratégicas.

Resumidamente, a análise dos pontos fracos e dos pontos fortes do ambiente interno e das oportunidades e ameaças do ambiente externo visa posicionar a futura unidade hoteleira em relação ao mercado-alvo e a seus concorrentes, de modo a tirar vantagens competitivas desse ambiente externo e, ao mesmo tempo, permitir um correto acompanhamento dos movimentos internos desse mercado, ou seja, de seus concorrentes diretos.

As empresas hoteleiras, no entanto, têm diferentes formas de compor sua evolução histórica, materializando seus

Desenvolvimento de hotéis: estudos de viabilidade

projetos conforme a visão e a missão particular de cada empresa. Nesse universo há certa dificuldade de se estabelecer uma regra comum para os diversos mercados e, por consequência, uma regra comum para a análise da concorrência.

COMPORTAMENTO DA DEMANDA

Além da concorrência, é preciso compreender as características comportamentais e tipológicas da demanda para garantir a oferta de melhores instalações e serviços ao público-alvo. Nesse sentido, recomenda-se observar os seguintes fatores de demanda:

IDADE. A faixa etária pode interferir nos serviços oferecidos. A decoração e o *design* dos apartamentos, por exemplo, podem variar desde o pós-moderno até o clássico. Interfere, também, na necessidade de o hotel ser de partido arquitetônico vertical ou horizontal (ideal para idades mais avançadas).

NÍVEL CULTURAL. É importante na escolha entre a oferta de serviços tradicionais ou mais sofisticados, como exposições de arte com obras à venda (uma tendência) e a preparação de cardápios com alto grau de sofisticação.

NÚMERO DE PESSOAS QUE SE DESLOCAM. Varia desde o indivíduo que viaja sozinho ou em família, passando por pequenos grupos de turistas ou executivos, até grandes grupos de excursionistas ou congressistas. Tal fator pode determinar o número de camas nos quartos; os espaços para uso simultâneo na área dos sanitários (vaso sanitário, banho e pia e espelhos em compartimentos separados); as dimensões das áreas de eventos e convenções, o tamanho do estacionamento (com ou sem área para ônibus, por exemplo), etc.

FORMA DE DESLOCAMENTO. A utilização de avião, carro ou ônibus pode interferir na necessidade de o hotel ser visível ou não entre os demais componentes da paisagem urbana ou rural. Esse fator tem relação direta com o nível de reservas antecipadas que o hotel opera. Normalmente, os que se deslocam de avião já possuem reserva efetuada. No caso do deslocamento por veículos, isso pode não ocorrer. Caso o percentual de reservas seja alto, diminui a necessidade de o hotel ser visível, o que, por consequência, exige, por um lado, menor espaço de terreno e desonera o custo com aquisição ou locação de área. Por outro lado, em caso de utilização de ônibus fretado, há a necessidade de acomodação do veículo no estacionamento, bem como de previsão de espaços de manobra.

FORMA DE UTILIZAÇÃO DO MEIO DE HOSPEDAGEM. Determinará que serviços serão postos à disposição dos clientes. Representantes de vendas geralmente utilizam apenas os serviços de café da manhã, requerendo, para isso, uma área de alimentação menor que a de um hotel de lazer, por exemplo. Resultado disso é um menor custo de implantação e de operação. Já a hospedagem de congressistas ou de famílias em longa permanência requer um número maior de produtos agregados ao pernoite.

TEMPO MÉDIO DE PERMANÊNCIA NA UNIDADE HABITACIONAL. Determinará que serviços ou produtos serão colocados à disposição na UH. Quanto maior o tempo de permanência do cliente na UH, mais produtos (mesa de trabalho, televisor, por exemplo) e mais serviços (atendimento 24 horas da copa de andares, entre outros) deverão ser disponibilizados para a UH e vice-versa.

TEMPO DE PERMANÊNCIA NO HOTEL. Quanto maior o tempo de permanência, mais serviços serão procurados pelos clientes, o que implicará a necessidade de alguns serviços típicos de *flats*, como os de lavanderia permanente, por exemplo.

CICLOS DE OCUPAÇÃO ALTA OU BAIXA. O ideal para os empreendimentos hoteleiros seria uma alteração da curva sazonal o mais suave possível. Esse comportamento da demanda permite uma programação mensal, trimestral, semestral ou anual mais precisa. Uma demanda constante, no entanto, é praticamente impossível de ser alcançada no universo da atividade hoteleira brasileira. Convenções e congressos tendem a concentrar sua atividade nos meses de abril, maio, setembro, outubro e novembro. Quanto ao público de lazer, a tendência é de picos de demanda mais efetivos, com altos e baixos mais pronunciados, durante todo o ano (em finais de semana ou feriados prolongados) ou nos meses de férias escolares (em dezembro, janeiro, início de fevereiro e julho).

Finalmente, no planejamento de unidades hoteleiras que acolhem um sem-número de segmentações e suas respectivas subsegmentações, deve-se atentar para dois fatores de comportamento de mercado: 1) a busca de um único segmento de demanda pode trazer sérias dificuldades de sobrevivência em épocas de baixa ocupação e 2) é impossível negar a especialização das unidades hoteleiras em determinados públicos.

Esses fatores podem parecer conflitantes, mas um estudo mais apurado revelará o contrário. A análise da demanda deve fornecer subsídios para a criação de um produto hoteleiro dirigido prioritariamente, por meio de sua política de captação de clientes, suas instalações e seus serviços, para determinado segmento – a demanda principal. Por outro lado, deve possibilitar a criação de um produto capaz de converter suas funções originais para atender às necessidades de uma demanda secundária. Isso permitirá preencher os espaços sazonais de baixa ocupação deixados pela demanda principal. É o caso dos hotéis de lazer, que têm sua demanda concentrada nos períodos de férias escolares e de finais de semana ou feriados prolongados: transformam suas áreas antes destinadas à recreação em espaços para convenções e negócios, nos demais dias da semana e períodos do ano.

Cálculos de viabilidade financeira

CUSTOS COM A IMPLANTAÇÃO DO EMPREENDIMENTO

Os custos de implantação da unidade hoteleira são bastante variáveis, dependendo de fatores como: localização do empreendimento, distância dos fornecedores, características do material utilizado, referências técnicas e tecnologia embutida nos equipamentos, *design* e qualidade do material de móveis e utensílios e abrangência e sofisticação do sistema de informação adotado. Devem, portanto, ser analisados e mensurados caso a caso. E os principais deles são com:

PROJETOS. Custos referentes a pré-projetos, memoriais, estudos de viabilidade mercadológica, estudos de viabilidade econômico-financeira e planos de negócio para o futuro empreendimento hoteleiro.

AQUISIÇÃO DO TERRENO. O custo de aquisição da área física para a edificação da unidade hoteleira não pode ser demasiadamente elevado, a fim de não afetar a viabilidade do negócio. Normalmente, por ocasião da avaliação da localização, o custo é mensurado e analisado.

Edificação. É o custo mais elevado na implantação da unidade hoteleira, o qual geralmente atinge mais da metade dos custos totais. A construção de um hotel com cerca de 200 UH teria a duração média de dezoito meses. Entretanto, a utilização de métodos construtivos avançados pode encurtar esse tempo, em certos casos, a menos de um ano.

Equipamentos. Equipamentos como caldeiras e elevadores têm custo elevado, bem como os fornos combinados para as cozinhas e os equipamentos de lavanderia. Grandes feiras, como a Equipotel e a Fispal, ocorrem todos os anos e podem ser referência para a compra desses materiais mais onerosos. Atualmente existem *sites* eletrônicos, ligados à hotelaria, que disponibilizam listas de fornecedores, sendo de grande utilidade para o empreendedor.

Utensílios. Os utensílios, normalmente, podem ser encomendados a fornecedores regionais, a não ser que a unidade hoteleira, no caso de uma rede, possua seus próprios fornecedores, com produtos exclusivos.

Recursos humanos. A organização da área de RH deve ocorrer antes da finalização e do acabamento da edificação, desencadeando os processos de recrutamento, seleção, contratação e treinamento. Algumas redes iniciam esses trabalhos até oito meses antes da previsão de conclusão do edifício.

Plano de *marketing*. Também o trabalho de lançamento do produto hoteleiro deve ser iniciado antes do fim das obras, com a elaboração de toda a folhetaria, a determinação dos canais de divulgação, a mensuração da frequência de inserções na mídia, as ações para o pré-lançamento, entre outras.

CAPITAL DE GIRO. É a reserva de um capital inicial para que seja possível a ativação do caixa da unidade hoteleira, prevendo as saídas e as entradas de dinheiro para os primeiros meses. Na nova unidade hoteleira, alguns gastos ocorrem antes das operações, e outros valores só serão recebidos decorrido um tempo (cartão de crédito, por exemplo).

PRÉ-LANÇAMENTO. O chamado pré-lançamento, ou pré-abertura, antes de ser uma apresentação do hotel para a mídia, é um processo logístico e estratégico, pois problemas de adaptação podem ocorrer por ocasião da própria inauguração, afetando diretamente a imagem da futura unidade hoteleira. Recomenda-se que seja feito por etapas, mesmo com toda a equipe já contratada e treinada. Um exemplo: no caso de um hotel acima de 300 UH, a primeira etapa poderia disponibilizar entre 30 e 50 UH; a segunda, entre 100 e 150 UH, e, finalmente, na terceira e última etapa, todas as UH. Isso propiciará maior controle dos problemas que podem vir a ocorrer no início das operações, bem como dará oportunidade aos colaboradores de adaptar-se às questões físicas e de fluxo de serviços nas novas instalações. É aconselhável que todo esse processo ocorra em cerca de um mês e meio, em média.

CÁLCULOS FINANCEIROS BÁSICOS DE UMA UNIDADE HOTELEIRA

Os principais cálculos, no que tange ao desenvolvimento e implantação de uma unidade hoteleira são: o *pay back*, o valor presente líquido (VPL) e a taxa interna de retorno (TIR), que tratam essencialmente da previsão de lucratividade do investimento. Devem ser analisados pelo empreendedor ou pelos demais interessados, a partir do prisma da probabilidade de rentabilidade futura.

Para atingir os valores previstos é preciso ter como premissa que a unidade será conduzida de maneira profissional e sem processos de ingerência. Portanto, durante a operação do negócio hoteleiro, alguns cálculos inerentes à atividade devem ser constantemente analisados, constituindo-se requisitos básicos para o estabelecimento de um mínimo controle da saúde financeira do hotel. Nesse sentido, o controle permanente sobre as metas estabelecidas torna-se condição *sine qua non* à boa remuneração do investimento no negócio hoteleiro. Na realidade, existem mais de seis dezenas de índices que podem ser utilizados na contabilidade gerencial do empreendimento. Os principais são:

TAXA DE OCUPAÇÃO. "Número total de apartamentos ocupados, excluindo cortesias e uso da casa, dividido pelo total de apartamentos disponíveis."[21] O controle da taxa de ocupação deve ser feito diária, semanal, mensal, trimestral, quadrimestral, semestral e anualmente pelo administrador da unidade. Para obter uma previsão para os exercícios vindouros, os dados devem ser colocados em analogia com desempenhos anteriores.

A fórmula é:

$$\text{Taxa de ocupação} = \frac{\text{Apartamentos ocupados}}{\text{Apartamentos disponíveis}}$$

---

[21] Hotel Investments Advisors, *Hotelaria em números 2002* (São Paulo: HIA, 2003), p. 7.

DIÁRIA MÉDIA. "Receita de apartamentos (excluindo café da manhã e impostos) dividida pelo número de apartamentos ocupados."[22] Como no caso da taxa de ocupação, o controle da diária média também deve ser feito diária, semanal, mensal, trimestral, quadrimestral, semestral e anualmente pelo administrador da unidade, e, além disso, deve sofrer processos comparativos com exercícios anteriores, a fim de se obter uma previsão para os exercícios vindouros. A diária média também pode ser calculada para diferentes segmentos que acorrerão à unidade hoteleira.

A fórmula é:

$$\text{Diária média} = \frac{\text{Receita dos apartamentos (menos A\&B e impostos)}}{\text{Apartamentos ocupados}}$$

REVPAR. "Índice que combina a taxa de ocupação e a diária média; representa a receita média de apartamentos por apartamentos disponíveis."[23] O RevPar também pode ser calculado periodicamente, e seus valores podem ser colocados em comparação com outros anteriores.

Antes, porém, de pensar na operação do negócio hoteleiro, alguns cálculos de investimento devem ser realizados, na medida em que todos os interessados, sejam eles os empreendedores, os operadores, administradores e investidores, tenham um panorama do possível desempenho financeiro da unidade.[24] Depois de efetuados todos os passos da análise

---

[22] *Ibidem.*
[23] *Ibidem.*
[24] Ver Mario Petrocchi, *Hotelaria: planejamento e gestão* (São Paulo: Futura, 2002). Nessa obra, o autor elabora uma sequência de cálculos de investimentos a serem

de viabilidade mercadológica, deve-se proporcionar a tais interessados a visualização dos possíveis cenários de desempenho operacional e financeiro. Para verificar a viabilidade do projeto, os índices de retorno do investimento devem ser levantados e seus números comparados com todos os demais índices proporcionados por outros investimentos do mercado. Para isso, a projeção do fluxo de caixa se faz necessária.

O fluxo de caixa é a projeção das variações de entrada e saída de recursos do caixa da empresa e permite traçar estratégias e metas financeiras. Também possibilita projetar o ciclo financeiro do empreendimento, dando suporte para possíveis reversões, a fim de alavancar o desempenho do negócio.

Algumas premissas são necessárias para que os dados do fluxo de caixa retratem o que ocorre na realidade, a saber:

- Manter a contabilidade de caixa sempre atualizada e controlada.
- Observar e procurar projetar cenários de desempenho financeiro do mercado concorrencial.
- Atentar para que, nas projeções, os valores já estejam submetidos a um fator indexador.
- Verificar a sensibilidade do fluxo de caixa, buscando levantar a volatilidade dos valores e quanto esse fator pode interferir na viabilidade do projeto.

A condução financeira de um empreendimento está ligada basicamente a duas vertentes contábeis: contabilidade fiscal e

---

utilizados por ocasião da viabilização e instalação da unidade hoteleira. Além disso, publicações e relatórios anuais, como o citado *Hotelaria em números 2002*, publicado pela empresa de consultoria Hotel Investments Advisors (HIA), são referências básicas para manter atualizados os dados sobre o desempenho da indústria hoteleira nacional.

gerencial. Esta última deve ser objeto de maior atenção por parte do empreendedor e do analista de viabilidade, pois retrata a realidade de entradas e saídas de caixa do empreendimento.

Como vimos, são inúmeros os índices a serem levantados na condução de um empreendimento hoteleiro, mas em um projeto de viabilidade os mais utilizados são os seguintes: projeção do demonstrativo de resultados do exercício (DRE); *pay back* do investimento; valor presente líquido (VPL ou VAL) e taxa interna de retorno (TIR).

Projeção do DRE

Permite projetar o lucro operacional, por meio do estabelecimento de uma projeção compartimentada percentualmente dos centros de receitas e despesas, resultando em um fluxo de caixa projetado. É importante considerar que uma análise de viabilidade não deve responsabilizar-se por fatores alheios ao projeto (processos de ingerência e mudanças na política econômica do país, por exemplo).

O primeiro valor a ser identificado é o total de receita a ser gerado pela venda dos pernoites. Isso é conseguido por meio da projeção da diária média multiplicada pela previsão de demanda a ser atraída pelo empreendimento através dos anos. Recomenda-se um universo projetado de, no mínimo, doze anos.

É interessante levantar esses percentuais junto a um hotel da concorrência primária, já que as receitas e os gastos do futuro empreendimento não deverão diferir muito destes.

Outra solução é procurar no mercado publicações que divulguem esses dados, dividindo-os por tipo de hotel e região de localização. Embora não sendo específicos de cada localidade, são instrumentos de grande importância para fazer projeções. Um dos relatórios mais conceituados é o já citado anuário *Hotelaria em números*, publicado pela Hotel Investments Advisors (HIA).

Na tabela 5, a seguir, exemplificamos uma projeção de DRE.

TABELA 5 Projeção do demonstrativo de resultado do exercício (DRE)

Ano	X_1	X_2	. . . . . .	X_{12}
Previsão de UH vendidas	4.100	7.700		22.400
Diária média	R$ 114,00	R$ 122,32		R$ 132,46
Receitas				
Hospedagem	R$ 467.400	R$ 941.879		R$ 2.967.041
Alimentos e bebidas (A&B)	R$ 194.151	R$ 391.242		R$ 1.232.463
Outros departamentos menores	R$ 57.526	R$ 115.924		R$ 365.174
Total	R$ 719.077	R$ 1.449.045		R$ 4.564.679
Gastos departamentais				
Hospedagem	R$ 46.740	R$ 94.188		R$ 296.704
Alimentos e bebidas (A&B)	R$ 67.953	R$ 136.935		R$ 431.362
Outros departamentos menores	R$ 40.268	R$ 81.147		R$ 255.622
Total	R$ 154.961	R$ 312.269		R$ 983.688
Gastos operacionais				
Folha de pagamento	R$ 347.827	R$ 347.827		R$ 347.827
Administração geral	R$ 71.908	R$ 144.905		R$ 456.468
Marketing e vendas	R$ 28.763	R$ 57.962		R$ 182.587
Serviços públicos	R$ 39.549	R$ 79.697		R$ 251.057
Manutenção	R$ 21.572	R$ 43.471		R$ 136.940
Total	R$ 509.620	R$ 673.862		R$ 1.374.880
Lucro operacional	R$ 564.116	R$ 462.913	. . . . . .	R$ 2.206.110

Projetado o DRE, é preciso efetuar os cálculos que permitam ao investidor uma visão do provável desempenho financeiro do futuro empreendimento.

Pay back

Esse é o índice mais simples de cálculo de investimento. Indica o período a transcorrer até que o investimento realizado retorne ao empreendedor. No caso dos projetos de hotéis, recomenda-se calculá-lo em anos e meses. Deve-se utilizar a projeção do fluxo de caixa acumulado em determinado período de tempo (Σ_{xj}) e abatê-lo do investimento inicial, de modo a se obter o período necessário para que este seja zerado.

As organizações sempre têm uma expectativa de retorno de investimento, levando em consideração os aspectos macro e microambientais. É necessário ter conhecimento dos valores esperados pelo empreendedor, antes mesmo do início da análise da viabilidade do negócio.

Pode-se verificar, eventualmente, quais as melhores hipóteses entre planejar determinado fluxo ou outro. Afinal, diferentes conceitos de hotel gerarão, com certeza, diferentes fluxos de caixa. Acompanhe nas tabelas 6 e 7, a seguir, os exemplos dos projetos hipotéticos A e B.

TABELA 6 Fluxo de caixa do projeto A

Investimento inicial (R$)	Fluxo de caixa (R$)	Saldo (R$)
10.000.000		-10.000.000
Ano		
20X1	2.500.000	- 7.500.000
20X2	2.500.000	- 5.000.000

(cont.)

Investimento inicial (R$)	Fluxo de caixa (R$)	Saldo (R$)
Ano		
20X3	2.500.000	- 2.500.000
20X4	2.500.000	0
20X5	3.000.000	+ 3.000.000
20X6	3.000.000	

Nesse caso, o *pay back* se daria no final do quarto ano de operação do empreendimento.

TABELA 7 Fluxo de caixa do projeto B

Investimento inicial (R$)	Fluxo de caixa (R$)	Saldo (R$)
12.000.000		-12.000.000
Ano		
20X1	3.500.000	- 8.500.000
20X2	4.500.000	- 4.000.000
20X3	2.000.000	- 2.000.000
20X4	1.500.000	- 500.000
20X5	3.500.000	+ 3.100.000
20X6	4.500.000	

Nesse caso, o *pay back* ocorreria no segundo mês do quinto ano de operação. Para calcular o número de meses, divide-se o último saldo negativo pelo próximo fluxo de caixa positivo. O valor resultante indica o tempo decorrente do próximo exercício em que o *pay back* será atingido.

$$\frac{\text{Último saldo negativo}}{\text{Próximo fluxo de caixa}} = \frac{500.000}{3.500.00} = 0,14 \text{ ou } 14\% \text{ do exercício seguinte}$$

Portanto: $0,14 \times 365 = 51$ dias ou cerca de dois meses, configurando o *pay back* em, aproximadamente, quatro anos e dois meses.

Na analogia entre os dois exemplos, o *pay back* mais rápido é o do projeto A.

O *pay back* foi gradualmente perdendo a importância como referência de cálculo, pois não reflete exatamente a rentabilidade proporcionada por determinado fluxo de caixa. A taxa de desconto do investimento pode ser informada de modo mais preciso por outros cálculos, como o do valor presente líquido (VPL), que veremos a seguir.

Valor presente líquido (VPL)

Toda organização tem uma expectativa quanto a um percentual de retorno sobre o investimento feito. Nesse sentido, deve-se verificar se determinado fluxo de caixa poderá proporcionar um retorno que supra as expectativas do proprietário ou dos investidores.

O valor presente líquido corresponde à soma dos fluxos de caixa descontados de uma taxa referente ao que o proprietário espera para um investimento viável, e subtraído esse mesmo valor do investimento inicial. Se o saldo for positivo, o retorno estará acima do que o empreendedor deseja; se for negativo, o fluxo de caixa não suprirá o retorno esperado. A fórmula para cálculo do VPL é a seguinte:

$$VPL_i = \sum_{i=0}^{n} \frac{X_i}{(1+i)^i}$$

Para efetuar esse cálculo, é recomendável o uso de uma tabela do valor presente de R\$ 1,00 para pagamento simples a juros compostos. São inúmeras as publicações voltadas para a matemática financeira que apresentam essa tabela.

Analisemos na tabela 8, a seguir, os dois projetos (A e B) do item anterior, considerando que o empreendedor espera uma rentabilidade mínima de 15% ao ano.

TABELA 8 Valor presente líquido dos projetos A e B

Ano	Taxa de desconto	Fluxo de caixa (projeto A)	VPL (R$)	Fluxo de caixa (projeto B)	VPL (R$)
	15%	10.000.000*		12.000.000*	
20X1	0,8696	2.500.000	2.174.000	3.500.000	3.043.000
20X2	0,7561	2.500.000	1.890.000	4.500.000	3.402.000
20X3	0,6575	2.500.000	1.644.000	2.000.000	1.305.000
20X4	0,5718	2.500.000	1.430.000	1.500.000	858.000
20X5	0,4972	3.000.000	1.492.000	3.500.000	1.740.000
20X6	0,4323	3.500.000	1.513.000	5.500.000	2.378.000
Total			10.143.000		12.726.000
Saldo			+ 143.000		+ 726.000

* Investimento inicial.

Observando a tabela 8, nota-se que, ao fim do sexto ano, o projeto A tem saldo positivo de R$ 143.000,00, e o projeto B, de R$ 726.000,00. Isso indica que (a) os dois projetos superam a expectativa do empreendedor (15% de rentabilidade sobre o investimento), sendo ambos, portanto, passíveis de ser viabilizados; (b) o projeto B, embora com tempo de retorno maior do que o projeto A, tem saldo positivo maior (R$ 726.000,00), indicando que a taxa de desconto é mais atraente e supera o índice de A (R$ 143.000,00); (c) o projeto B, portanto, seria a hipótese mais viável para o empreendedor.

Em seguida, deve-se verificar qual a taxa real de retorno que os projetos apresentam, com base no cálculo da TIR.

Taxa interna de retorno (TIR)

A taxa interna de retorno é obtida no momento em que as entradas e saídas do fluxo de caixa se igualam e tornam o saldo zero. Nesse ponto, obtém-se a TIR ou o mais pertinente de todos os cálculos de investimento.

Muito se tem comentado sobre esse cálculo, que pode ser feito por meio de aproximações. As calculadoras não possuem a velocidade dos atuais programas de computador, que utilizam planilhas eletrônicas, tornando esse cálculo mais acessível.

O cálculo da taxa interna de retorno assemelha-se ao do VPL, conforme a fórmula a seguir.

$$Zero = 0_i = \sum_{i=0}^{n} \frac{X_i}{(1 + TIR)^i}$$

Nesse ponto, pode-se trabalhar com probabilidades, a fim de verificar a que taxa o valor fica positivo e que taxa o torna negativo. Em seguida, por meio de um cálculo denominado interpolação, obtém-se o valor exato.

Estudemos o projeto B, que, no cálculo do VPL, atinge uma taxa acima dos 15% esperados pelo empreendedor. Nesse caso, deve-se buscar um índice próximo que represente um valor negativo. No exemplo do projeto, podemos jogar com a hipótese de 20% e obteremos o quadro da tabela 9, a seguir.

TABELA 9 Saldo de taxa interna de retorno estimada em 15% e 20%, respectivamente

Ano	15%	Fluxo de caixa (R$)	(R$)	20%	Fluxo de caixa (R$)	(R$)
Investimento inicial	12.000.000			12.000.000		
20X1	0,8696	3.500.000	3.043.000	0,8333	3.500.000	2.917.000
20X2	0,7561	4.500.000	3.402.000	0,6944	4.500.000	3.125.000
20X3	0,6575	2.000.000	1.305.000	0,5787	2.000.000	1.157.000
20X4	0,5718	1.500.000	858.000	0,4823	1.500.000	723.000
20X5	0,4972	3.500.000	1.740.000	0,4019	3.500.000	1.407.000
20X6	0,4323	5.500.000	2.378.000	0,3349	5.500.000	1.842.000
Total			12.726.000			11.171
Saldo			+726.000			-829.000

Nota-se que, com taxa de 20%, o fluxo de caixa do projeto seria negativo (-R$ 829.000,00).

Poderíamos retratar assim esse quadro:

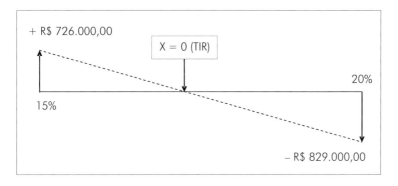

Interpolando:

$$\frac{726}{829} = \frac{x-15}{20-x}$$

$$726(20-x) = 829(x-15)$$
$$14.520 - 726x = 829x - 12.435$$
$$14.520 + 12.435 = 829x + 726x$$
$$26.955 = 1.555x$$
$$x = \frac{26.995}{1.555}$$
$$x = 17,36\% = \text{TIR do projeto B}$$

Esse instrumento mostra que, no projeto B, a taxa do fluxo projetado supera em 2,36% a expectativa do empreendedor (15%). Logo, desde que sejam seguidos os passos necessários aos estudos de viabilidade, o projeto revela-se correto e oportuno sob o aspecto de investimento.

130 Desenvolvimento de hotéis: estudos de viabilidade

No entanto, a determinação da viabilidade não é um fator que se baseia unicamente na lógica: empreendedores têm intenções, aspirações e expectativas próprias, ou seja, o que é atraente para um pode não ser para outro. Em geral, os índices que determinam a viabilidade estarão ligados às analogias com outros tipos de investimento disponíveis no mercado.

A importância da gestão de pessoas

Um dos principais pontos críticos citados pelos turistas estrangeiros, quando em visita ao país, está justamente na baixa qualificação da mão de obra que atua no chamado turismo receptivo. Em um mundo globalizado, a qualificação da mão de obra é fator decisório de compra. Do ponto de vista do produto, a globalização tende a igualar a oferta, fazendo com que o diferencial recaia sobre os recursos humanos, o que, para a hotelaria, significa qualidade de atendimento.

A atividade hoteleira deve ser vista como grande geradora de empregos, capaz de absorver mão de obra das mais diversas procedências, em razão da natureza e abrangência de seus serviços. O próprio turismo funciona como uma espécie de distribuidor de renda, pois os que consomem seus produtos e serviços interagem com uma imensa gama de pessoas envolvidas na atividade. Costuma-se dizer, no negócio turístico, que a cidade deve ser boa para os residentes, para, daí, ser boa para os visitantes. Portanto, para que um município utilize ao máximo seu potencial turístico, é necessário promover a qualificação de sua mão de obra e a criação de infraestrutura básica e de serviços, que envolvem também, indiretamente, outros atores sociais. Nesse sentido, as autoridades dos diversos setores devem encarar a indústria do turismo como propiciadora de melhoria dos indicadores sociais, como qualidade de vida, distribuição de renda e qualificação profissional da comunidade.

Ao analisar a atividade turística, deve-se verificar o potencial de suas diversas vertentes. No Brasil, apenas o setor de hotelaria, por exemplo, gera atualmente 350 mil empregos diretos, tendo uma folha de pagamento em torno de 1 bilhão de dólares anuais.[25]

A hotelaria brasileira não foge à regra da globalização e passa por profundas transformações. A recente mudança na configuração do setor, com a entrada de novas bandeiras à procura de generosas fatias desse promissor mercado, tem levado ao reposicionamento das empresas que atuam nesse cenário.

Os empreendimentos do segmento de hotéis econômicos, predominantemente administrados de maneira familiar e antes acomodados a um cenário de relativa estabilização, veem-se envolvidos em um mercado que recebe a entrada crescente de empresas multinacionais de alto poder competitivo e experiência transnacional em operações hoteleiras e que demandam mão de obra capacitada para atuar profissionalmente no setor.

A área de recursos humanos passa por essa mesma transformação. Desde as funções operacionais até as gerências, já

---

[25] Ver Virgílio N. S Carvalho, "Turismo e hotelaria desenvolvendo a economia", em B. Lage & P. Milone (orgs.), *Turismo: teoria e prática* (São Paulo: Atlas, 2000).

não mais se admite mão de obra despreparada. A hora da verdade do contato cliente/fornecedor dos serviços passa a ser valorizada, exigindo treinamento e reciclagem de todos os níveis funcionais da empresa hoteleira.

A queda, particularmente significativa nos últimos seis anos, da relação entre número de funcionários e quantidade de apartamentos reflete a nova organização do quadro de colaboradores. Mesmo nas unidades hoteleiras da categoria luxo superior, na qual há maior oferta de serviços aos clientes, essa relação vem sofrendo constante queda, conforme comprova a tabela 10, a seguir.

TABELA 10 Relação de funcionários por apartamento disponível (categoria luxo superior)

Áreas	1996*	2011**
Apartamentos	0,50	0,31
Alimentos e bebidas (A&B)	0,65	0,36
Telefone	0,04	0,01
Outros departamentos operacionais	0,11	0,6
Administração	0,25	0,10
Marketing e vendas	0,05	0,4
Manutenção	0,14	0,6
Outros	0,05	0,1
Total	1,79	0,94

Fontes: (*) Adaptado de Horwath Consulting & Soteconti Auditores Independentes, *Indústria hoteleira brasileira* (São Paulo, 1996), p. 21; (**) Jones Lang LaSalle, *Hotelaria em números 2012* (São Paulo, 2012), p. 13.

Na categoria luxo, em que ocorre diminuição da oferta de serviços paralelos à hospedagem, os números se distanciam mais, conforme indica a tabela 11, a seguir.

134 Desenvolvimento de hotéis: estudos de viabilidade

TABELA 11 Relação de funcionários por apartamento disponível (categoria luxo)

Áreas	1996*	2011**
Apartamentos	0,40	0,20
Alimentos e bebidas (A&B)	0,48	0,20
Telefone	0,04	–
Outros departamentos operacionais	0,05	0,01
Administração	0,20	0,03
Marketing e vendas	0,04	0,01
Manutenção	0,09	0,02
Outros	0,03	–
Total	1,33	0,57

Fontes: (*) Adaptado de Horwath Consulting & Soteconti Auditores Independentes, *Indústria hoteleira brasileira* (São Paulo,1996), p. 21; (**) Jones Lang LaSalle, *Hotelaria em números 2012* (São Paulo, 2012), p. 13.

Os números aumentam quando considerados os hotéis da categoria econômica, que oferecem uma gama mínima de serviços, além do pernoite, conforme a tabela 12, a seguir.

TABELA 12 Relação de funcionários por apartamento disponível (categoria econômica)

Áreas	1996*	2011**
Apartamentos	0,33	0,18
Alimentos e bebidas (A&B)	0,28	0,10
Telefone	0,05	–
Outros departamentos operacionais	0,06	0,01
Administração	0,16	0,03
Marketing e vendas	0,04	0,01
Manutenção	0,08	0,02
Outros	0,06	0,01
Total	1,05	0,36

Fontes: (*) Adaptado de Horwath Consulting & Soteconti Auditores Independentes, *Indústria hoteleira brasileira* (São Paulo,1996), p. 21; (**) Jones Lang LaSalle, *Hotelaria em números 2012* (São Paulo, 2012), p. 13.

Confirma-se a tendência de queda nesses valores para os próximos anos, devido a fatores como a maior informatização das áreas operacionais dos hotéis e a maior necessidade de contratação de colaboradores multifuncionais. No mercado de *flats* esse percentual mostra índices mais baixos.

Os hotéis administrados de maneira familiar devem profissionalizar-se, se quiserem continuar sobrevivendo nesse segmento. Infelizmente, não são raros os casos em que a área de recursos humanos se resume a um departamento pessoal encarregado das relações trabalhistas. Ainda é grande o número de empresas do setor hoteleiro carentes de programas de treinamentos, reciclagem e planos de carreira, por exemplo.

Os clientes externos têm um nível de exigência muito alto e, para satisfazê-los, a atividade hoteleira nacional começa a passar por alterações importantes. Fatores como o paternalismo tendem a desaparecer, em prol de uma valorização do profissionalismo no trato com os clientes. Outro problema, muito característico da atividade hoteleira no país, é a alta rotatividade, atribuída, principalmente, à sazonalidade e aos baixos salários oferecidos, principalmente nos cargos operacionais. Atualmente, estima-se em 10% a rotatividade anual no setor, mas, com a crescente captação de visitantes externos, a fim de cobrir essa sazonalidade, e a valorização do colaborador, proporcionada pelo advento dos empreendimentos profissionais, esse índice tende a cair nos próximos anos.

Também a imagem do profissional hoteleiro deverá mudar significativamente com a crescente valorização dos empregos no setor, a compatibilização de cargos e salários, a conquista de benefícios sociais e a reciclagem permanente exigida pela valorização da atividade turística.

A política de recursos humanos deve promover e incentivar o trabalho em equipe e a busca de metas de desempenho e de reconhecimento pelo serviço prestado. Cada vez mais, por exemplo, as empresas hoteleiras procuram o auxílio de consultoria externa para melhorar seus quadros. A área de recursos humanos tende a crescer, embora não internamente, como departamento, mas incorporando profissionais que atuam em empresas de consultoria e passando a encarregar-se do efetivo das empresas sob vários aspectos, do treinamento à contratação.

O comprometimento de cada funcionário com os objetivos e as metas da empresa será cada vez mais exigido. As organizações que não conseguirem reciclar seus quadros assistirão à estagnação de sua mão de obra e serão facilmente digeridas pelos concorrentes mais ágeis e eficientes. A concorrência das grandes bandeiras tende a deixar de fora as organizações não preparadas e não conhecedoras das modernas técnicas de trabalho em equipe.

Segundo Virgílio de Carvalho, ex-presidente da Embratur, o futuro dos recursos humanos na atividade turística tende a premiar o pessoal eficiente, a contratação por competência, com valorização dos quadros inferiores da organização, procurando internamente agentes que possam ocupar cargos mais altos dentro da escala da empresa. A produtividade será fator-chave para o sucesso profissional, com base no reconhecimento do trabalho e, é claro, na sua recompensa. As estruturas excessivamente hierarquizadas tendem a desaparecer em prol de estruturas mais funcionais e eficientes. É o chamado *downsizing*.

Historicamente, o quadro de profissionais que atuam na hotelaria foi sistematicamente desfigurado e desfalcado, principalmente durante a década de 1970, quando os meios de produção da economia industrial acenavam com melhores salários e melhores condições de vida àqueles que ingressassem no mercado de trabalho. Profissionais que atuavam no turismo, ainda incipiente no país, buscavam outras áreas, deixando atividades como a hoteleira para pessoas sem capacitação para o atendimento ao público, ou seja, iam para o setor apenas os que não conseguiam outra opção de trabalho. A chamada pós--industrialização provocou uma alteração nesse quadro. Com o processo irreversível de automação das indústrias, cabe a áreas como o turismo a função de grande captadora de mão de obra.

A valorização dos profissionais nos cargos operacionais é condição básica para o sucesso da atividade hoteleira no país, pois são eles que atuam diretamente com o cliente. É o caso de camareiras, garçons, recepcionistas, agentes de viagem, emissores de passagens e guias de turismo. A falha, quando ocorre na atividade hoteleira, é sentida de imediato: uma informação errada de um guia turístico, um prato com um objeto estranho dentro, um acidente em trilha guiada. Basta um fato desses ocorrer e os danos para a imagem da empresa serão irreversíveis.

O profissional de turismo deve atualizar-se constantemente. Já não é mais possível o desconhecimento de informática, por exemplo, mesmo nos cargos mais simples. O aprendizado de outros idiomas, visitas a empreendimentos no exterior, além de boa cultura geral, são requisitos importantes para os que desejam construir uma carreira na área. Resumidamente, no que diz respeito à qualificação da mão de obra, a área de recursos humanos deve considerar os seguintes fatores-chave e passíveis de intervenção a curto prazo: a mão de obra predominantemente despreparada e a falta de visão dos antigos "donos de hotel" diante da hotelaria profissional moderna e da alta rotatividade do setor.

Com a evolução das técnicas de gestão de empreendimentos hoteleiros, instrumentos inéditos na área, como a administração participativa, já devidamente analisada por seu criador, Douglas McGregor,[26] ganharão força, principalmente em um setor que depende muito do relacionamento humano, como é o caso do turismo.

RECRUTAMENTO E SELEÇÃO

O recrutamento é um processo de extrema importância para qualquer empresa. O perfil do profissional deve adequar-se ao perfil da empresa em que atuará. À medida que os processos da atividade turística se aperfeiçoam, os métodos de recrutamento devem passar por uma renovação.

A escolha do profissional adequado para o cargo adequado fará automaticamente surgir uma sinergia de trabalho que tende a trazer benefícios tanto para a empresa, que terá melhor desempenho global, quanto para o colaborador, que terá maior satisfação pessoal no desempenho das funções. No que

---

[26] Obra referencial para a área de recursos humanos é Douglas McGregor, *O lado humano da empresa* (São Paulo: Martins Fontes, 1999).

A importância da gestão de pessoas **139**

se refere à satisfação interna, é importante que os colaboradores percebam que existe uma política de valorização do funcionário. Antes de partir para o recrutamento externo, devem-se procurar dentro da estrutura organizacional os colaboradores com potencial para cargos de maior importância. Para que o recrutamento interno seja satisfatório, o planejamento de pessoal deve ser executado de modo a verificar os reais objetivos da empresa e o perfil exigido de um profissional para bem exercer, a médio e longo prazos, novos cargos na organização. Há ocasiões em que o auxílio das futuras chefias é vital no processo de contratação interna. Nas empresas turísticas, notadamente nas organizações hoteleiras, esse é o caso de funções como a de camareiras, funcionários de lavanderia, de manutenção e da própria cozinha, por exemplo, em que o *modus operandi* se assemelha a uma linha de produção industrial. A opção pelo recrutamento interno pode trazer vantagens, como maior economia, menor perda de tempo e maior nível de segurança, mas traz o risco de a empresa se tornar hermética a novas ideias e conceitos.

Além disso, o recrutamento interno só terá sucesso se a organização puder contar com métodos de avaliação bem calibrados, que lhe permitam distinguir, por exemplo, pessoas com alto desempenho e alto potencial de pessoas com alto desempenho e baixo potencial. O sucesso do recrutamento interno também está ligado à filosofia da empresa, pois as pessoas tendem a permanecer mais tempo em uma organização que ofereça não apenas bons salários, mas bons planos de carreira, uma avaliação justa de desempenho e uma boa política de incentivo ao crescimento pessoal, como auxílio em cursos de aperfeiçoamento e reciclagem e bolsas de incentivo ao estudo.

O recrutamento externo pode ser a opção, caso não se encontre um colaborador com o perfil necessário para ocupar determinada posição na hierarquia da empresa. Pode significar ar novo no sistema, trazendo vantagens para a organização, como, por exemplo, a aquisição de novas visões de mercado ou novas técnicas de trabalho. O problema é encontrar, em uma vasta oferta de profissionais, aqueles que se adaptem ao perfil pretendido. Consequentemente, por ocasião do recrutamento, a filosofia da empresa e o perfil exigido para a função devem estar bastante claros aos candidatos, evitando possíveis constrangimentos futuros, quer para o empregador, quer para o colaborador.

Nas empresas hoteleiras, os meios de recrutamento devem variar conforme o grau exigido pelo cargo. A mão de obra para funções operacionais pode ser captada junto às agências de recrutamento, o que facilita o processo. Para os cargos de supervisão e direção, os meios mais adequados são os anúncios em jornais, as agências especializadas e a busca de recém-formados em escolas de turismo e hotelaria. Como a profissionalização do setor ainda é recente, alguns problemas persistem. Não é raro um garçom chamar para trabalhar na empresa um amigo com certa "experiência na área". A indicação por amigos ainda é um meio frequente de recrutamento de pessoal no setor, mas tende a desaparecer com a profissionalização.

Conseguir a pessoa certa para o cargo certo é o grande dilema do processo de seleção de pessoal. O colaborador deve

A importância da gestão de pessoas **141**

estar em sintonia com os objetivos e as metas da organização. Atualmente, na área das empresas turísticas, alguns pré-requisitos podem significar vantagens iniciais no processo de seleção: conhecimento de línguas, nível de informação técnica atualizado, conhecimentos gerais, técnicas de relacionamento interpessoal. As empresas devem interessar-se por colaboradores que são automotiváveis, isto é, não precisam ser alertados para a busca de aperfeiçoamento.

Segundo Idalberto Chiavenatto, o processo de seleção é comparativo: de um lado, descreve as funções para o cargo e, de outro, o nível de capacitação do candidato. A descrição perfeita do cargo dará subsídios para a descrição das qualidades que o candidato deve possuir para desempenhar determinado papel na estrutura da organização.

Embora existam critérios universais aplicáveis a todas as áreas (a ética profissional, por exemplo), as técnicas de seleção têm, cada uma, maior ou menor peso, dependendo da função a ser exercida. As mais usuais são as entrevistas, provas de capacitação, testes de aptidão, testes de personalidade e técnicas de simulação. Como qualquer processo, essas técnicas são passíveis de falhas, mas a proporção de falhas seria bem maior sem elas.

Um fator essencial para o sucesso em uma seleção é o preparo dos entrevistadores, que devem conhecer plenamente as condições exigidas para determinado cargo, a filosofia de trabalho da empresa (mesmo sendo consultores externos) e a realidade do mercado de trabalho. A isenção deve explicitar-se em seus atos, não deixando que suas preferências pessoais possam influir no processo seletivo. Além disso, deve-se garantir sua independência de atuação, livre da interferência de terceiros.

Toda entrevista, em um processo seletivo, deve ser organizada segundo um roteiro em que algumas premissas precisam ser respeitadas: preparo prévio, efetivação em ambiente compatível, processamento das respostas, encerramento e avaliação *a posteriori*.

Quanto ao entrevistado, alguns pré-requisitos são essenciais para o sucesso da contratação: bom relacionamento interpessoal, capacidade de atuar em mais de uma área e facilidade de assimilação de novos conceitos e novos processos de trabalho.

AVALIAÇÃO DO DESEMPENHO

Essa função da área de recursos humanos é extremamente delicada. Douglas McGregor, autor das teorias e um dos maiores divulgadores da administração de integração e por autocontrole, descreve muito bem a abrangência da avaliação de desempenho como parte estratégica da empresa,[27] em que o superior deve ter empatia por seus subordinados.

A correta avaliação de desempenho é um instrumental para a estratégia de administração de salários, planos de carreira, políticas de promoções e elaboração de metas de determinada área ou mesmo de toda a organização. Em qualquer empresa, não só as de turismo, a avaliação de desempenho deve ser feita regularmente, com o objetivo de retratar o real

---

[27] *Ibid.*, p. 87.

desempenho de determinado colaborador. Portanto, deve ser realizada em conjunto, em um processo que envolve subordinado e supervisor. Para isso, é fundamental que o supervisor, agente da avaliação, conheça claramente as funções desempenhadas por seus subordinados. Na área de hotelaria, por exemplo, se a avaliação de desempenho de um cozinheiro for feita pelo *maître d'hotel* em vez de pelo gerente de alimentos e bebidas, certamente terá pontos falhos: por mais conhecimento que o *maître* possua, não poderá avaliar a capacidade técnica de um cozinheiro na elaboração de um prato.

A avaliação de desempenho para fins administrativos ou informativos pode gerar tensões nas relações intraempresa. Fatores de ordem psicológica, tanto do supervisor quanto do subordinado, podem afetar a avaliação. Isso deve ser evitado na medida do possível, pois corre-se o risco de todo o processo ser invalidado. A moderna técnica de avaliação para fins motivacionais parece ser a mais adequada ao perfil da área de prestação de serviços, embora custe a ser incorporada pelas organizações, ainda baseadas em preceitos da era industrial.

TREINAMENTO E DESENVOLVIMENTO DE COLABORADORES

Em um mercado competitivo como o mercado turístico, onde, como descreve Michael Porter,[28] as barreiras de entrada não estão definitivamente consolidadas, o capital humano das empresas se transforma em seu principal patrimônio. Se jun-

---

[28] Michael Porter, *Estratégia competitiva...*, cit., p. 25.

tarmos a isso o caráter extremamente humano da atividade turística, teremos a verdadeira dimensão de quanto o treinamento e a reciclagem dos colaboradores influenciam diretamente no desempenho da empresa.

De fato, analisando-se os três níveis de desenvolvimento compreendidos no subsistema de recursos humanos – individual, profissional e organizacional –, é fácil compreender a importância da reciclagem no crescimento de uma empresa.

Na hotelaria independente, se faltarem recursos para reciclagem, o empreendedor vai precisar de muita criatividade, pois, mesmo com medidas que consigam prolongar a sobrevida do empreendimento, será difícil resistir à entrada de empresas com experiência transnacional e alto grau de profissionalismo.

Do ponto de vista do indivíduo que se submete à reciclagem, são fatores sumamente importantes a capacidade de absorção da aprendizagem, a facilidade de adaptação ao novo, a abdicação do ultrapassado e propensão para a constante renovação de conceitos e técnicas.

Devido à própria natureza da sociedade pós-moderna, principalmente nas atividades turística e hoteleira, o treinamento e a reciclagem devem ter caráter contínuo. Seus resultados devem ser mensurados a fim de se avaliar sua contribuição para o desenvolvimento da organização.

A atividade hoteleira apresenta alto índice de *turn over* em suas funções operacionais. Deve-se, portanto, solucionar quanto antes esse grave problema, pois corre-se o risco de grandes somas de investimento serem perdidas em treinamento e reciclagem.

O desenvolvimento da área de gastronomia e hotelaria leva um número cada vez maior de empreendedores a investir em programas externos de treinamento e reciclagem para seus colaboradores. Essa realidade pode ser constatada pelo aumento do número de atendimentos que órgãos como o Sebrae e o Senac vêm registrando nos últimos anos. Ao empreendedor cabe utilizar ao máximo essa poderosa arma para garantir o sucesso da organização no mercado turístico nacional.

REMUNERAÇÃO

A remuneração deve ser compatível com o que o mercado concorrencial oferece. O princípio da equidade deve ser observado para que a organização se mantenha dentro dos patamares reais do mercado. A grande questão nos dias de hoje concentra-se na premiação do melhor desempenho, o que não deve necessariamente se restringir ao salário recebido. As variáveis a serem consideradas em um plano de classificação por mérito, por exemplo, são objeto de intermináveis discussões.

Com a profissionalização da área, a tendência a médio e longo prazos é as empresas concederem aumentos reais de salário, buscando aproximação com os padrões internacionais. Mas, mesmo em comparação com outros países sul-americanos, como Chile, Argentina e Uruguai, por exemplo, os valores de remuneração ainda estão abaixo do nível internacional. Isso já pode ser sentido em hotéis de rede, que remuneram melhor do que os hotéis de administração familiar. Cada vez mais, os benefícios oferecidos também fazem a diferença entre uma empresa eficiente e outra nem tanto.

No que se refere à legislação, os pisos salariais das diferentes categorias variam conforme a região. A lei prevê, para o setor, uma jornada de trabalho de 44 horas por semana, com seis dias de sete horas e vinte minutos de trabalho diário e um dia de descanso semanal. É obrigatório que um dia de descanso no mês, no caso dos homens, e dois dias, no caso das mulheres, ocorram num domingo.

A política de remuneração das empresas hoteleiras, cada vez mais, incorpora benefícios como: previdência privada, assistência médica e odontológica, vale-refeição, vale-transporte. Esses valores representam em média 28% de acréscimo ao salário. O total geral dos encargos mais os benefícios gira em torno de 99% do salário mensal dos colaboradores.

A necessidade de contar com quadros mais preparados está levando as empresas do ramo a elevar os investimentos com desenvolvimento pessoal e equipes, como concessão de bolsas de estudos em todos os níveis, incentivo e pagamento de taxas para participação em estágios operacionais em outras empresas e cursos de reciclagem.

As empresas hoteleiras, sejam redes ou independentes, devem estabelecer políticas de remuneração que facilitem a premiação para desempenho acima da média. Mas, para que isso ocorra, devem estar em sintonia com o mercado, conhecendo a média dos valores pagos. Quanto às premiações para a motivação de todo o grupo de colaboradores, devem ser feitas sempre em caso de superação das metas estabelecidas pela empresa, por ocasião do planejamento estratégico. Deve-se ressaltar que a sintonia fina entre as competências exigidas para determinada função e a capacitação do colaborador para desempenhá-las deve estar sempre ajustada. Esse é um fator para o bom desempenho da organização.

Finalmente, as compensações financeiras diretas e indiretas podem perder seu efeito, se o nível de compensações psicológicas, como a autoestima, a estima pela empresa, a satisfação pelo trabalho e pelo desenvolvimento profissional dentro da organização, não for atingido.

PLANEJAMENTO DA CARREIRA PROFISSIONAL

O correto planejamento da carreira é fundamental para o sucesso profissional de cada indivíduo que se insere na atividade hoteleira como meio de sobrevivência. A era pós-industrial traz inegáveis avanços em todas as áreas, incluindo a saúde. Já existem projeções do aumento da longevidade humana. A aposentadoria aos 60 ou 65 anos tende a ser repensada nas próximas décadas. As pessoas devem estar preparadas para mais do que apenas uma ou duas carreiras profissionais. O emprego "vitalício", com cartão de ponto, delimitação de carga horária, tende a ceder lugar para o trabalho por "empreitada" (uma espécie de prestação de consultoria). As relações trabalhistas passarão por uma revisão de suas linhas de pensamento.

A própria dinâmica do trabalho com a atividade turística favorece essa nova configuração da relação entre o colaborador e a empresa. Verificamos que são inúmeros os prestadores de serviços avulsos, como guias, por exemplo, que atuam em tal atividade.

Algumas qualidades devem ser cultivadas pelos candidatos a carreiras na atividade hoteleira: visão global e conhecimento abrangente; senso de realidade e atenção para o que ocorre à sua volta; capacidade de adaptação a novas funções; imaginação no trato com situações que exigem atitude; capacidade de análise crítica das situações e de comandar equipes com sinergia; ética profissional no desempenho das funções. Em uma sociedade cuja tônica é a sobrevivência baseada na contingência, ou seja, na solução rápida para um universo econômico que se altera de forma também rápida, a valorização do humano se torna vital para a atividade bem-sucedida de qualquer organização. As empresas passam por processos de *downsizing* cada vez mais acentuados. Os departamentos de recursos humanos, antes baseados na estrutura da teoria x, passaram e passarão por modificações e renovações, em busca do autocontrole. As novas tendências apontam para dois pontos: redução dos quadros fixos e intensificação da busca de assessorias e consultorias independentes.

A globalização ainda não foi posta totalmente à prova. As carreiras devem ser repensadas para uma sociedade que não terá empregos, mas sim serviços a serem prestados. A permanente recapacitação fará com que o indivíduo esteja sempre pronto a exercer novos desafios proporcionados por novas empreitadas. A mudança de área de atuação poderá ser feita sem traumas, uma vez que a longevidade facilitará a preparação do ser humano, auxiliando-o a exercer novas funções na sociedade.

A globalização ainda não foi posta totalmente à prova. As novas relações internacionais podem causar problemas, como a maior concentração de renda e, consequentemente, de tecnologias nas mãos de macroempresas transnacionais e governos de países do Primeiro Mundo. Mas uma coisa é certa: no mundo pós-industrial, as relações entre empregador e colaborador passam por transformações cada vez mais rápidas.

Bibliografia complementar

BORGES, Karla A. V. *et al*. "Reutilização de esquema de banco de dados em aplicações de gestão urbana". Em *Revista IP-Informática Pública*, nº 1, Belo Horizonte, 2002.

CALIJURI, Mara Lúcia & RAMALHO, Gilberto G. C. "Sistemas de informações geográficas: conceitos fundamentais". Em *Revista Escola de Minas – REM*, 47 (2), Ouro Preto, 1994.

CÂMARA, Gilberto. *Desenvolvimento de sistemas de informações geográficas: desafios e oportunidades*. Semana do Geoprocessamento do Rio de Janeiro, Rio de Janeiro, 1996.

_____ *et al*. *Anatomia de sistemas de informação geográfica*, 1996. Disponível em www.dpi.inpe.br/geopro/livros/anatomia.pdf. Acesso em 13-5-2013.

CHIAVENATTO, Idalberto. *Recursos humanos*. 7ª ed. São Paulo: Atlas, 2000.

CRUZ, Rita C. *Política de turismo e território*. São Paulo: Contexto, 2000.

DAVIS Jr., Clodoveu A. & LAENDER, Alberto H. F. "Multiple Representations in GIS: Materialization through Map Generalization, Geometric, and Spatial Analysis Operations". Em *ACM GIS' 99*, 1999.

DEGEN, Ronald. *O empreendedor*. São Paulo: Makron Books do Brasil, 1989.

FERREIRA, Ana Cristina F. *Um modelo para suporte à integração de análises multidimensionais e espaciais*. Dissertação de mestrado. Rio de Janeiro: UFRJ, 2002.

HESS, Guillermo N. *Modelagem conceitual geográfica temporal utilizando GeoFrame-T*. Disponível em http://www.inf.ufrgs.br/~clesio/cmp151/cmp15120021/artigo_guillermo.pdf. Acesso em 13-5-2013.

LISBOA Filho, Jugurta & IOCHPE, Cirano. "Specifying Analysis Patterns for Geographic Databases – the Basis of a Conceptual Framework". Em *ACM GIS' 99*, 1999.

MEDEIROS, Cláudia B. *et al*. "GEO-Wasa – Combining GIS Technology with the Worflow Management". Em *IEEE Proceedings of the 7th ICCSSE*, 1996.

_____ & PIRES, Fátima. *Um ambiente computacional de modelagem de aplicações geográficas*. Campinas, 1996. Disponível em www.cpa.unicamp.br/revista/cigv1n1a4.html. Acesso em 13-5-2013.

MILLER, Lewis C. "Understanding the Investment". Em RALEIGH, Lori E. & ROGINSKY, Rachel J. (orgs.). *Hotel Investments: Issues and Perspectives*. Michigan: American Hotel & Motel Association – AHMA, 1995.

ROSE, Adriana. *Uma avaliação comparativa de alguns sistemas de informação geográfica aplicados ao transporte*. Dissertação de mestrado. São Carlos: Escola de Engenharia de São Carlos da Universidade de São Paulo, 2001.

RUSHMORE, Stephen. *How to Buy a Feasibility Study that Works for You*. Chicago: Hotel & Motel Management, 1982.

Índice geral

Agradecimentos, 11
Análise da viabilidade do negócio, 40
Análise do universo concorrencial, 93
Análise PFOA ou SWOT, A, 106
Análise pontual: localização do empreendimento, 73
Aquisição da área, estudos arquitetônicos e planos setoriais, 45
Aspectos geofísicos locais, 55
Atividade hoteleira no Brasil e suas tendências, A, 17
Avaliação do desempenho, 142
Bibliografia complementar, 149
Breve retrospecto, Um, 17
Cálculos de viabilidade financeira, 115
Cálculos financeiros básicos de uma unidade hoteleira, 117
Características do entorno, 81
Características geofísicas do terreno, 79
Cenário atual, O, 20
Comportamento da demanda em um mercado competitivo, O, 25
Comportamento da demanda, 110
Concentração dos serviços, A, 30
Condições de acesso ao local, 76
Contratos de gerenciamento, 49
Custos com a implantação do empreendimento, 115
Desenvolvendo o negócio hoteleiro, 37
Elaboração de fichas técnicas, 97
Estudo de viabilidade econômico-financeira, 44
Estudo de viabilidade mercadológica, 40

Foco na relação hotel/cliente, 29
Histórico do local, 56
Importância da análise de mercado, A, 53
Importância da gestão de pessoas, A, 131
Importância da localização, 73
Incentivos municipais, 70
Índice de desenvolvimento humano municipal (IDH-M), 58
Índices econômicos com dados comparativos, 57
Infraestrutura, 58
Infraestrutura local, 80
Introdução, 13
Legislação ambiental, 68
Leis que incidem sobre a propriedade, 74
Localização, 54
Nota do editor, 7
Novas tendências para a hotelaria de rede, 29
Oportunidades e ameaças, 107
Pay back, 123
Planejamento da carreira profissional, 147
Pontos fortes e fracos no mercado hoteleiro, 109
Processo criativo, O, 37
Projeção do DRE, 121
Recrutamento e seleção, 138
Regularidade fiscal e jurídica dos terrenos, 74
Remuneração, 145
Superoferta de hotéis de negócio, A, 23
Taxa interna de retorno (TIR), 127
Tendências para unidades hoteleiras independentes, 33
Treinamento e desenvolvimento de colaboradores, 143
Turismo de lazer, 63
Turismo de negócios, 63
Turismo educacional, 64
Utilização do SIG nos estudos de viabilidade, A, 82
Valor presente líquido (VPL), 125
Vocação turística do local, 60